누구나 아는
나만 모르는
엑셀

누나IT(이성원) 지음

한빛미디어

지은이 누나IT(이성원)

웹디자이너로 사회에 첫발을 내디딘 후, 컴퓨터 방문 교육 사업을 창업하여 엑셀, 파워포인트, 워드, 포토샵, 프리미어 프로 등 다양한 과목을 오랫동안 강의했습니다. 이후 온라인 마케팅 회사를 운영하며, 실제 경험을 토대로 쇼핑몰 창업, 블로그 마케팅, 유튜브 마케팅 등의 강사로도 활동했습니다. 8년 전부터는 '3분 엑셀'이라는 온라인 교육 콘텐츠로 인터넷 강의를 시작했습니다.

현재 '누나IT(누구나 아는 나만 모르는 IT)'의 대표로 다수의 기업과 대학교에서 강의하고, 유튜브 크리에이터 양성에도 힘쓰고 있습니다. 또한 '3분 엑셀'과 같은 IT 온라인 교육 프로그램을 개발하고 있습니다.

저서로는 《누구나 아는 나만 모르는 IT 이성원 강사의 3분 엑셀》이 있습니다.

유튜브 채널 www.youtube.com/@누나IT
인스타그램 www.instagram.com/noona_it

누구나 아는 나만 모르는 엑셀

초판 1쇄 발행 2024년 11월 29일
초판 3쇄 발행 2025년 04월 07일

지은이 누나IT(이성원) / **펴낸이** 전태호
펴낸곳 한빛미디어(주) / **주소** 서울시 서대문구 연희로2길 62 한빛미디어(주) IT출판1부
전화 02-325-5544 / **팩스** 02-336-7124
등록 1999년 6월 24일 제 25100-2017-00058호 / **ISBN** 979-11-6921-315-8 13000

총괄 배윤미 / **책임편집** 장용희 / **기획** 홍현정, 진명규 / **편집** 홍현정
디자인 이아란 / **전산편집** 김희정
영업마케팅 송경석, 김형진, 장경환, 조유미, 한종진, 이행은, 김선아, 고광일, 성화정, 김한솔 / **제작** 박성우, 김정우

이 책에 대한 의견이나 오탈자 및 잘못된 내용은 출판사 홈페이지나 아래 이메일로 알려주십시오.
파본은 구매처에서 교환하실 수 있습니다. 책값은 뒤표지에 표시되어 있습니다.

한빛미디어 홈페이지 www.hanbit.co.kr / **이메일** ask@hanbit.co.kr
자료실 www.hanbit.co.kr/src/11315

Published by HANBIT Media, Inc. Printed in Korea
Copyright © 2024 누나IT(이성원) & HANBIT Media, Inc.
이 책의 저작권은 누나IT(이성원)와 한빛미디어(주)에 있습니다.
저작권법에 의해 보호를 받는 저작물이므로 무단 복제 및 무단 전재를 금합니다.

지금 하지 않으면 할 수 없는 일이 있습니다.
책으로 펴내고 싶은 아이디어나 원고를 메일(writer@hanbit.co.kr)로 보내주세요.
한빛미디어(주)는 여러분의 소중한 경험과 지식을 기다리고 있습니다.

머리말

엑셀 프로그램을 실행하면 보이는, 끝없이 펼쳐진 모눈종이 같은 화면에 압도당하셨나요? 여러 가지 기능과 낯선 용어가 복잡하고 어렵게 느껴졌을 수도 있습니다. 엑셀은 다양한 기능을 제공하지만, 모든 기능을 알아야 할 필요는 없습니다. 오히려 자신의 일상이나 업무에서 필요한 기능을 제대로 익히는 것이 중요합니다.

엑셀이 어렵게 느껴지는 분들을 위해 진짜 쉬운 엑셀 책, 《누구나 아는 나만 모르는 엑셀》을 준비했습니다.

이 책을 집필하면서 세 가지를 중점적으로 고려했습니다.

첫째, 내용은 최대한 쉽게 구성하고 꼭 필요한 기능만 다루어, 초보자라도 엑셀의 기본 기능을 빠르게 익힐 수 있도록 했습니다.

둘째, 부담 없이 완독할 수 있도록 분량을 300페이지 이하로 제한했습니다.

셋째, 눈의 피로를 줄이기 위해 책 전체에 충분한 여백을 두었습니다.

이 책은 대학생부터 시니어 세대까지, 엑셀 초보자가 필요한 기능을 쉽게 익힐 수 있게 구성했습니다. 재취업을 준비하는 분들에게도 유용한 가이드가 될 것입니다.

엑셀에 대한 자신감을 얻고, 엑셀이 낯선 프로그램이 아닌 친숙한 도구가 되기를 바랍니다. 감사합니다.

2024년 11월

누나IT (이성원)

엑셀을 왜 배워야 하나요?

엑셀은 우리 생활 곳곳에서 도움이 되는 유용한 도구입니다. 가계부를 정리하거나 간단한 계산을 할 때, 데이터를 깔끔하게 정리할 때 엑셀만큼 편리한 프로그램은 드물죠.

특히 회사나 비즈니스에서도 엑셀은 필수입니다. 데이터를 분석하고 보고서를 만드는 등 다양한 업무에 없어서는 안 될 도구입니다. 엑셀을 잘 활용하면 몇 시간 걸릴 일을 30분 만에 끝낼 수 있습니다.

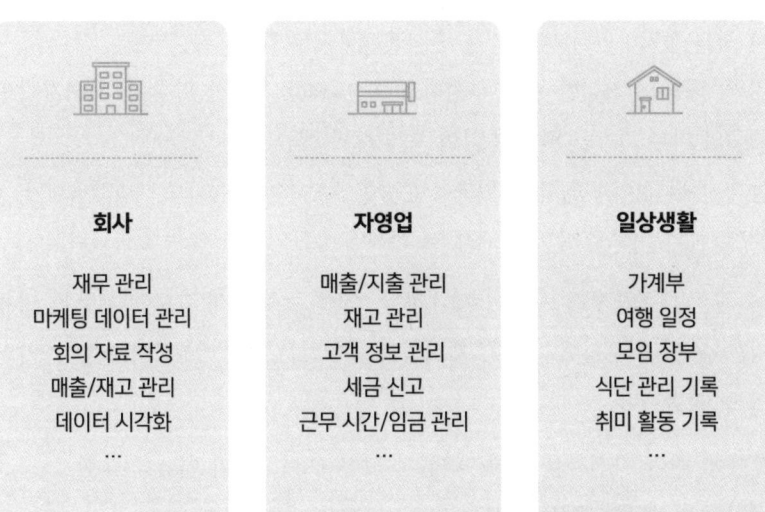

엑셀 왕초보를 위한 <누구나 아는 나만 모르는 엑셀>

엑셀을 배우고 싶지만, 어려워 보여서 포기하는 분들이 많습니다. 하지만 엑셀은 차근차근 익히면 생각보다 쉽고, 생활 속에서 유용하게 쓸 수 있는 도구입니다.

≪누구나 아는 나만 모르는 엑셀≫은 엑셀을 처음 시작하는 왕초보를 위해 꼭 필요한 내용을 체계적으로 안내해드립니다. 이 책을 따라가다 보면 어느새 엑셀을 자연스럽게 활용할 수 있는 실력을 갖추게 될 거예요.

☝ 하나, 세상에서 가장 쉬운 엑셀 입문서이다

엑셀을 처음 접하는 초보자들도 쉽게 이해할 수 있도록, 복잡해 보이는 내용을 쉬운 용어와 친근한 설명으로 차근차근 알려드립니다.

✌ 둘, 꼭 알아야 하는 내용을 체계적으로 알려준다

단축키 사용법, 셀에 내용을 입력하는 방법 등 초보자를 위한 기초 내용부터, 합계나 평균을 계산할 수 있는 함수까지 단계별로 알려드립니다.

🖖 셋, 영상 강의를 무료로 볼 수 있다

이해하기 어려운 부분이나 추가 설명이 필요한 내용은 무료 유튜브 강의를 통해 쉽게 학습할 수 있습니다.

학습 내용 미리 보기

학습하기 전에 어떤 내용을 배우게 될지 미리 살펴봅시다. 기초 내용부터 함수 활용까지 단계별로 익혀보세요.

1장 | 엑셀 시작 전 꼭 알아야 하는 다섯 가지

엑셀을 본격적으로 사용하기 전에, 기본적으로 알아야 할 내용을 살펴봅니다.

[이런 걸 배워요]
키보드 사용하기 / 엑셀 실행하기 / 엑셀 작업 화면 살펴보기 / 내용 입력하기 / 저장하기

2장 | 쉽지만 강력한 기초 기능 익히기

서식 적용 방법과 채우기 핸들 사용법 등 엑셀에서 필수로 알아야 하는 기능을 익힙니다.

[이런 걸 배워요]
화면 크기 조정하기 / 셀 이동하기 / 서식 수정하기 / 테두리와 배경색 적용하기 / 날짜와 시간 입력하기 / 채우기 핸들 사용하기 / 빠른 채우기 기능 활용하기 / 열과 행 추가하거나 삭제하기

3장 | 편집과 인쇄로 작업 실력 키우기

데이터를 효율적으로 편집하는 방법과 인쇄하는 방법을 알아봅니다.

[이런 걸 배워요]
복사-붙여넣기 / 단어 바꾸기 / 빈 셀 선택하기 / 머리글 고정하기 / 시트 편집하기 / 인쇄하기

4장 | 수식으로 빠르게 계산하기

함수의 개념을 배우고, 자동 합계와 기초 함수를 활용하는 방법을 익힙니다.

[이런 걸 배워요]
함수 이해하기 / 자동 합계 기능 사용하기(SUM, AVERAGE 함수) / 함수 입력 방법 익히기 / 함수 사용하기(COUNT, COUNTA, COUNTBLANK, IF 함수)

5장 | 함수 제대로 써먹기

함수 사용 능력을 향상하기 위해 함수를 더 효율적으로 활용하는 방법을 배웁니다.

[이런 걸 배워요]
절대 참조 적용하기 / 이름 정의하기 / 조건에 맞는 셀 개수 세기(COUNTIF 함수) / 원하는 셀만 합계 구하기(SUMIF 함수)

6장 | 데이터를 정렬하고 원하는 정보 찾기

데이터를 정렬하고 필터링하여 원하는 정보를 빠르게 추출하고 요약하는 방법을 학습합니다.

[이런 걸 배워요]
데이터 입력 시 주의사항 살펴보기 / 데이터 정렬하기 / 필터 적용하기 / 피벗 테이블 만들기

7장 | 데이터가 한눈에 들어오는 차트 그리기

데이터를 시각화하는 차트를 만들고, 디자인을 적용하는 방법을 배웁니다.

[이런 걸 배워요]
차트 만들기 / 차트 디자인 적용하기

부록

유용한 단축키를 익히고, 영상 강의 로드맵으로 학습 내용을 복습합니다.

책의 구성 살펴보기

초보자가 쉽게 따라올 수 있도록 간단하고 직관적으로 구성했습니다. '시작해볼까요?'로 학습 포인트를 먼저 확인하고, '정리해볼까요?'에서 배운 내용을 복습합니다.

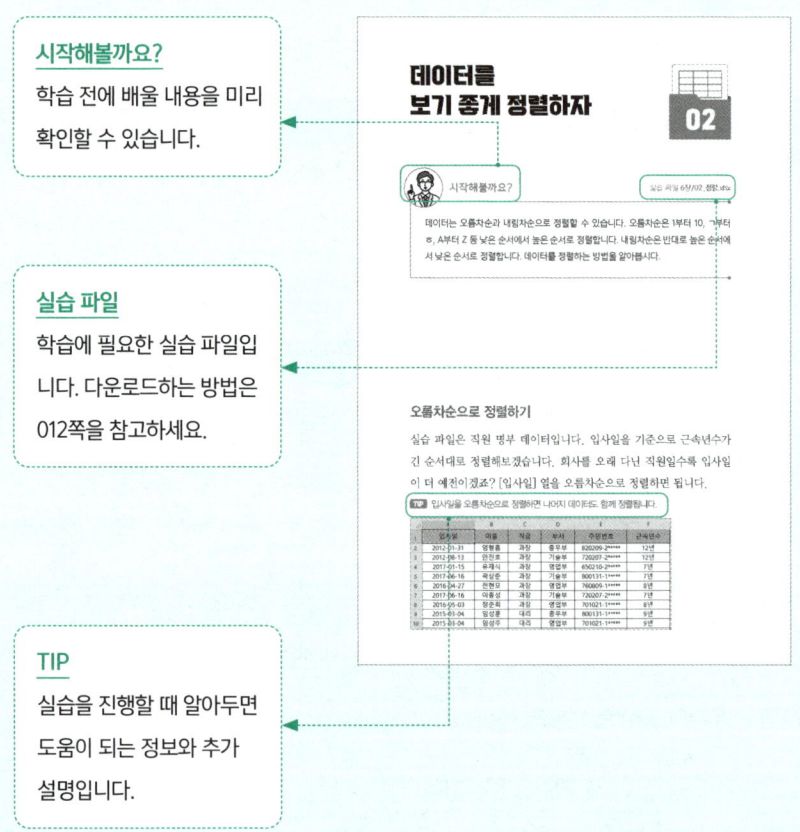

시작해볼까요?
학습 전에 배울 내용을 미리 확인할 수 있습니다.

실습 파일
학습에 필요한 실습 파일입니다. 다운로드하는 방법은 012쪽을 참고하세요.

TIP
실습을 진행할 때 알아두면 도움이 되는 정보와 추가 설명입니다.

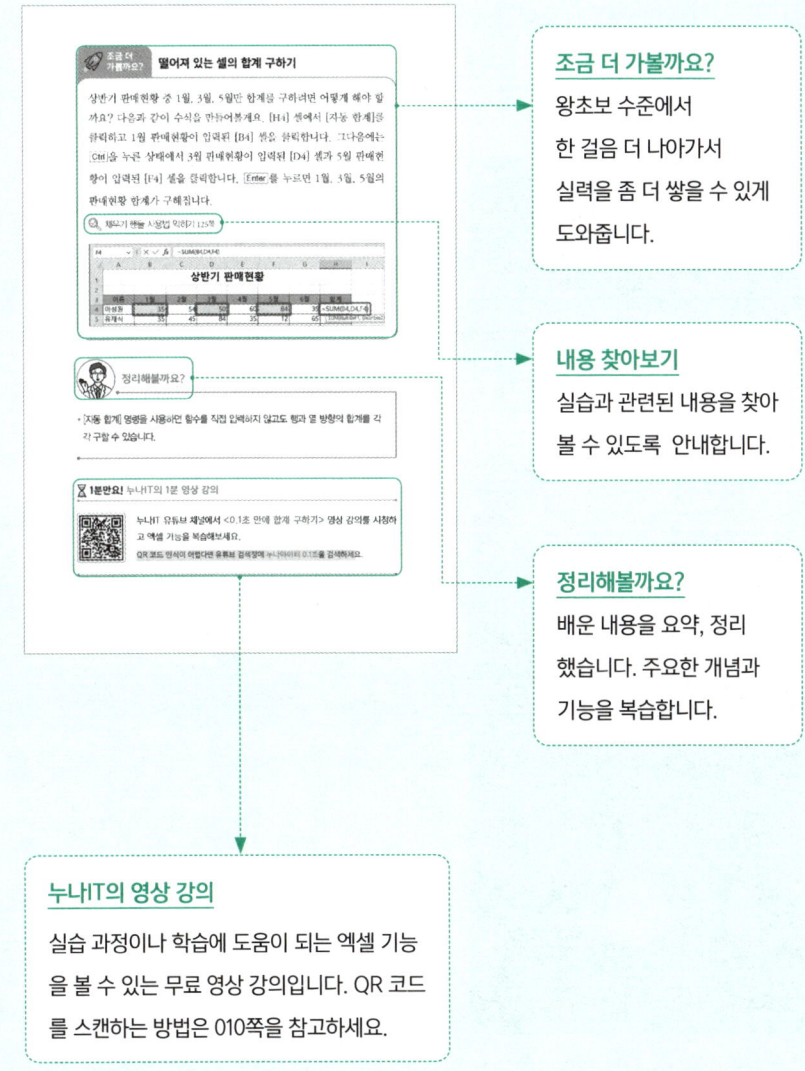

조금 더 가볼까요?
왕초보 수준에서
한 걸음 더 나아가서
실력을 좀 더 쌓을 수 있게
도와줍니다.

내용 찾아보기
실습과 관련된 내용을 찾아
볼 수 있도록 안내합니다.

정리해볼까요?
배운 내용을 요약, 정리
했습니다. 주요한 개념과
기능을 복습합니다.

누나IT의 영상 강의
실습 과정이나 학습에 도움이 되는 엑셀 기능을 볼 수 있는 무료 영상 강의입니다. QR 코드를 스캔하는 방법은 010쪽을 참고하세요.

책의 구성 살펴보기 **009**

영상 강의 재생하기

IT 왕초보를 대상으로 오랜 기간 강의를 해온 '누나IT'의 친절한 엑셀 강의를 들을 수 있습니다. QR 코드를 스캔해서 영상 강의를 시청해보세요.

1. QR 코드 스캔하기

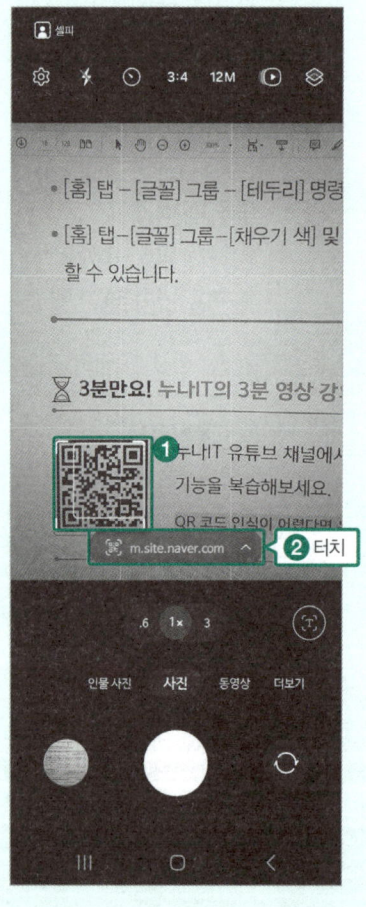

01 본문 내에 있는 동영상 강의 QR 코드를 확인합니다. 스마트폰의 기본 카메라 어플리케이션을 실행합니다. QR 코드에 카메라 초점을 맞춥니다.

02 잠시 후 접속할 수 있는 유튜브 링크가 나타나면 터치합니다. 영상이 자동으로 재생되는데, 만약 재생되지 않는다면 [재생] 버튼을 터치합니다.

2. 누나IT 유튜브 채널에서 시청하기

01 누나IT 유튜브 채널에 접속하고 [재생 목록]을 클릭합니다.
- www.youtube.com/@누나IT

02 [생성된 재생목록]에서 [누구나 아는 나만 모르는 엑셀]을 찾아 클릭하면 강의를 시청할 수 있습니다.

3. 유튜브에서 키워드 검색하기

QR 코드로 영상을 재생하기 어렵다면, 유튜브 검색창에 '키워드'를 입력하세요. 동일한 제목의 영상 강의가 나타나면 클릭해서 시청할 수 있습니다.

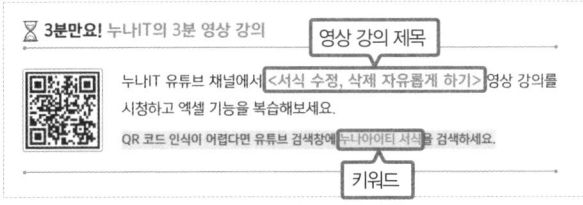

영상 강의 제목

키워드

영상 강의 재생하기 **011**

실습 파일 활용하기

이 책에 사용된 실습 파일은 한빛출판네트워크 홈페이지(www.hanbit.co.kr) 또는 자료실(www.hanbit.co.kr/src/11315)에서 다운로드할 수 있습니다. 다운로드한 파일은 압축을 해제한 다음에 사용하세요.

01 한빛출판네트워크 홈페이지 (www.hanbit.co.kr)에 접속합니다. 메인 페이지에서 자료실을 클릭합니다.

02 자료실 도서 검색란에 도서명을 입력하고 🔍를 클릭합니다.

03 선택한 도서 정보가 표시되면 [예제소스]를 클릭해 실습 파일을 다운로드합니다.

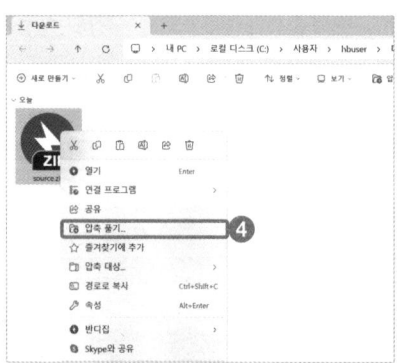

04 다운로드한 파일을 마우스 오른쪽 버튼으로 클릭하고 [압축 풀기]를 클릭합니다.

엑셀 화면 구성 살펴보기

엑셀 프로그램은 버전별로 화면 구성이 일부 다를 수는 있지만 기본 화면 구성은 동일합니다. 엑셀을 실행하면 나타나는 기본 화면을 살펴봅시다.

기본 화면 구성

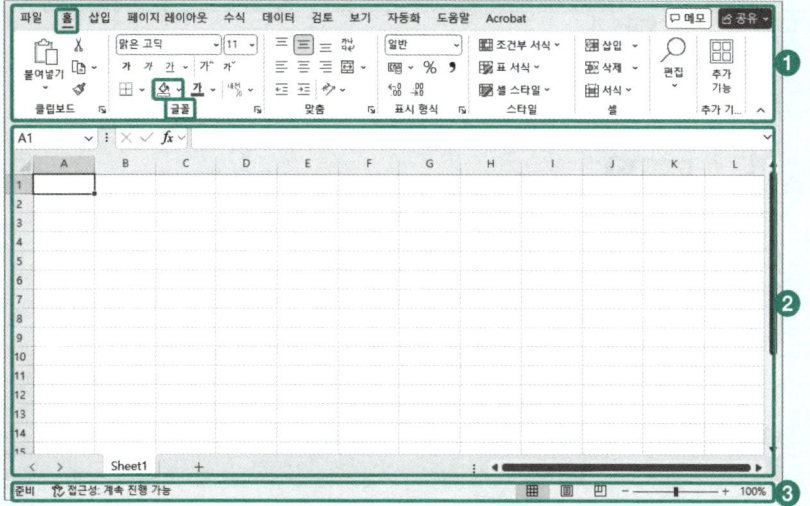

❶ 메뉴

실행할 수 있는 다양한 기능이 모여 있습니다. 엑셀 기능을 실행하는 '명령'의 위치는 다음과 같이 설명합니다.

예 [홈] 탭 - [글꼴] 그룹 - [채우기 색 ◇]

❷ 작업 화면

작업 화면은 워크시트라고도 하며, 격자 모양의 구조로 데이터를 입력할 수 있는 공간입니다.

❸ 상태 표시줄

현재의 작업 상태를 확인할 수 있습니다. 오른쪽에 있는 +, - 아이콘으로 화면을 확대하거나 축소할 수 있습니다.

엑셀 화면 구성 살펴보기

작업 화면 구성

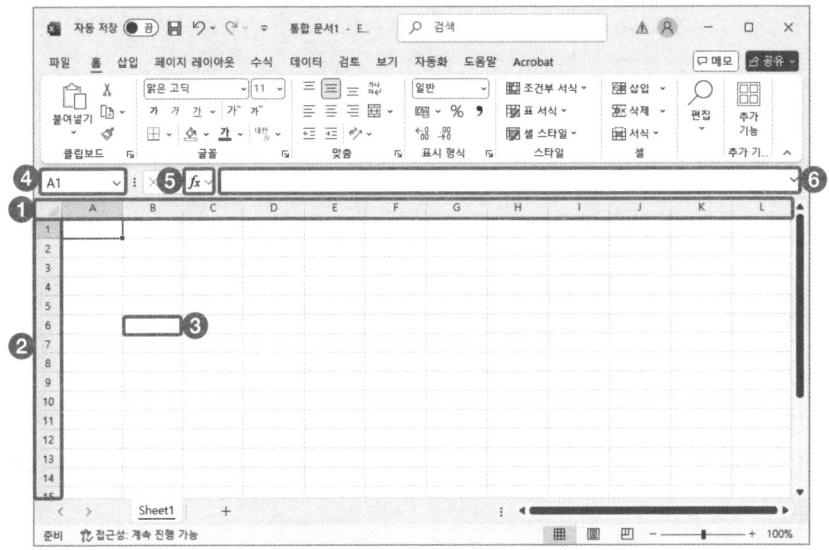

❶ 열 머리

A, B, C와 같이 알파벳으로 셀의 위치를 나타냅니다.

❷ 행 머리

1, 2, 3과 같이 숫자로 셀의 위치를 나타냅니다.

❸ 셀

열과 행이 교차하는 지점으로, 데이터를 입력하고 계산할 수 있는 기본 단위입니다.

❹ 이름 상자

현재 선택된 셀의 위치를 표시하거나, 설정한 셀의 이름을 알려줍니다.

❺ 함수 삽입

[함수 삽입 fx]을 클릭하면 함수를 입력할 수 있는 [함수 마법사] 대화상자가 표시됩니다.

❻ 수식 입력줄

셀에 입력된 내용을 표시해줍니다. 텍스트나 수식을 표시하는데, 더블클릭하면 편집할 수 있습니다.

목차

머리말 003	책의 구성 살펴보기 008
엑셀을 왜 배워야 하나요? 004	영상 강의 재생하기 010
엑셀 왕초보를 위한 〈누구나 아는 나만 모르는 엑셀〉 005	실습 파일 활용하기 012
학습 내용 미리 보기 006	엑셀 화면 구성 살펴보기 013

1장 | 엑셀 시작 전 꼭 알아야 하는 다섯 가지

01 | 키보드와 친해져요   025
    `1분만요!` 의외로 모르는 Delete와 BackSpace 차이점   028
02 | 컴퓨터에서 엑셀을 실행해보자   029
03 | 엑셀 화면에 익숙해지자   031
04 | 셀에 내용을 입력해보자   034
05 | 엑셀 파일을 저장해보자   035

2장 | 쉽지만 강력한 기초 기능 익히기

01 | 화면 크기를 조정하자   041
    화면 크기 조정하기   041
02 | 키보드를 활용하여 셀을 이동하자   043
    방향키로 셀 포인터 이동하기   043

목차

Enter와 Tab으로 셀 포인터 이동하기 044

03 | 글꼴의 크기와 서식을 바꿔보자 046
    글꼴 크기 바꾸기 046
    글꼴에 서식 적용하기 048

04 | 테두리와 색을 적용해서 표를 완성하자 049
    표 모양으로 테두리 그리기 049
    셀 배경색과 글꼴 색 바꾸기 051
    `3분만요!` 간단한 표 만들기 053

05 | 텍스트와 서식을 지워보자 054
    셀에 입력된 내용 지우기 054
    테두리와 배경색 지우기 055
    서식과 내용을 한꺼번에 지우기 057
    입력한 내용 수정하기 058
    `3분만요!` 서식 수정, 삭제 자유롭게 하기 061

06 | 날짜와 시간을 입력해보자 062
    날짜와 시간 입력하기 062

07 | 채우기 핸들로 데이터를 빠르게 입력하자 064
    채우기 핸들 사용법 익히기 064
    채우기 핸들로 혼합 데이터와 날짜 데이터 입력하기 067
    `1분만요!` 이 기능 때문에 엑셀이 유명한 거예요 069
    `3분만요!` 강력한 자동 채우기 핸들 069

08 | 빠른 채우기 기능으로 데이터를 입력하자 070
    빠른 채우기 사용법 익히기 070
    셀 병합 해제 후 빠른 채우기 실행하기 073

09 | 열 너비, 행 높이를 자유자재로 조절해보자 075

	열 너비와 행 높이 조절하기	075
	셀에 #가 보일 때 수정하기	077
	여러 셀의 너비와 행을 동일하게 설정하기	078
10	열과 행을 추가하거나 삭제해보자	080
	열과 행을 삽입하고 삭제하기	080
	일부 셀만 삽입하고 삭제하기	084

3장 편집과 인쇄로 작업 실력 키우기

01	복사, 붙여넣기, 잘라내기를 해보자	089
	복사-붙여넣기 기능 익히기	089
	잘라내기 기능 익히기	091
	복사, 붙여넣기, 잘라내기 단축키 익히기	093
02	단어나 서식을 한 번에 바꿔보자	095
	특정 단어를 찾아서 한 번에 변경하기	095
	서식 한 번에 바꾸기	098
03	빈 셀만 선택해서 데이터를 채워보자	103
	이동 옵션으로 빈 셀 선택하기	103
	지정한 셀에 서식을 지정하고 배경색 채우기	105
04	머리글을 고정하여 내용 쉽게 확인하기	108
	행 고정하기	108
	열 고정하기	110
	행과 열을 동시에 틀 고정하기	112

목차

05 | 시트를 편집해보자   116
    시트 이름 변경하기   116
    시트 추가하고 삭제하기   117
    시트 복사하기   118

06 | 엑셀 파일을 인쇄하자   121
    인쇄 준비하기   121
    인쇄 내용 미리 확인하기   122
    인쇄하기   126
    `1분만요!` 엑셀 인쇄 내 맘처럼 되지 않을 때   128

4장   수식으로 빠르게 계산하기

01 | 엑셀의 꽃, 함수를 알아보자   131
    함수 이해하기   131
    함수의 기본 구조 이해하기   132
    함수 종류 알아보기   132

02 | 자동 합계 기능을 알아보자   133
    자동 합계 기능 익히기   133
    채우기 핸들로 1초 만에 합계 구하기   135
    자동 합계로 열 방향 합계 구하기   136
    `1분만요!` 0.1초 만에 합계 구하기   138
    `3분만요!` 제일 많이 사용하는 함수   138

03 | 자동으로 평균값을 구하자   139
    자동 합계 메뉴에서 AVERAGE 함수 사용하기   139

	소수점 아래 자릿수 조정하기	141
04	**다양한 방식으로 함수를 입력해보자**	**143**
	함수 입력 방법 알아보기	143
	셀이나 수식 입력줄에 함수 입력하기	146
	셀에서 바로 함수를 찾고 입력하기	149
05	**숫자가 포함된 셀 개수를 세어보자**	**152**
	숫자가 포함된 셀 개수 세어보기	152
	COUNT 함수로 문자가 포함된 셀을 세어보기	154
06	**문자가 포함된 셀과 빈 셀 개수를 세어보자**	**156**
	문자가 포함된 셀 개수 세어보기	156
	빈 셀 개수 세기	157
	함수가 입력된 셀에 단위 표시하기	158
07	**알고 보면 쉬운 IF 함수를 알아보자**	**161**
	'만약에'를 함수로 표현한 IF 함수	161
	함수 마법사를 사용하여 IF 함수 적용하기	161
	채우기 핸들로 나머지 결과 구하기	165
	`1분만요!` 엑셀 IF 함수 이렇게 하면 절대 헷갈리지 않아요	166

5장 　함수 제대로 써먹기

01	**절대 알아야 할 절대 참조를 알아보자**	**169**
	수식에서 오류가 나는 이유	169
	절대 참조로 셀 주소 고정하기	171
	`1분만요!` 달러만 알아도 당신은 엑셀 중급	175

목차

02	수식이 간편해지는 이름 정의를 알아보자	176
	여러 셀에 이름 정의하기	176
	함수에 이름 정의 활용하기	178
	여러 개의 이름 정의를 한 번에 만들기	180
	정의한 이름을 삭제하거나 변경하기	182
	이름 정의한 범위로 함수식 만들기	184
	1분만요! 이름 정의만 잘해도 엑셀이 쉬워집니다	185
03	COUNTIF 함수로 조건에 맞는 셀 개수를 세자	186
	COUNTIF 함수 사용하기	186
	절대 참조로 범위 지정하기	189
	1분만요! 아직도 일일이 세시나요 COUNTIF로 해결	193
04	SUMIF 함수로 원하는 값만 더하자	194
	SUMIF 함수 사용하기	194
	범위를 지정할 때 방향키 사용하기	197
	이름 정의로 SUMIF 함수를 더 쉽게 사용하기	200
	1분만요! 엑셀 초보 탈출! SUMIF로 쉽게 데이터 합계 구하기	204

6장　데이터를 정렬하고 원하는 정보 찾기

01	엑셀 데이터 입력 시 알아야 할 여섯 가지 핵심 사항	207
	첫째, 열 머리글을 입력하자	207
	둘째, 날짜는 날짜 형식으로 하나의 셀에 입력하자	208
	셋째, 셀을 병합하지 말자	209
	넷째, 셀을 비워두지 말자	211

	다섯째, 숫자 셀에 문자를 함께 입력하지 말자	213
	여섯째, 여러 정보를 하나의 셀에 입력하지 말자	213
02	**데이터를 보기 좋게 정렬하자**	**215**
	오름차순으로 정렬하기	215
	내림차순으로 정렬하기	217
	사용자 지정 목록으로 정렬하기	218
03	**필터로 원하는 데이터만 골라보자**	**221**
	필터 적용하고 해제하기	221
	검색으로 필터링하기	227
	날짜로 필터링하기	228
	〖1분만요!〗 단 몇 번 클릭으로 원하는 데이터를 찾는 자동 필터	230
04	**데이터를 요리조리 바꾸는 피벗 테이블을 알아보자**	**231**
	피벗 테이블 삽입하기	231
	피벗 테이블 구조 익히기	233
	피벗 테이블 구성하고 데이터 살펴보기	234
	피벗 테이블에서 필드 위치 바꿔보기	237
	〖1분만요!〗 피벗 테이블이 생각보다 쉬운 이유	244

7장 데이터가 한눈에 들어오는 차트 그리기

01	**차트를 그려보자**	**247**
	차트 만들기	247
	차트 제목 바꾸기	250
	데이터 레이블과 축 제목 표시하기	251

목차

02 | 차트 디자인을 요리조리 바꿔보자   256
   차트 스타일 바꾸기   256
   막대 색상 바꾸기   258
   막대 너비 바꾸기   260
   `1분만요!` 엑셀 차트 핵심만 빠르게 배우기   262

부록 | 바로 써먹는 단축키 알아보기

자주 사용하는 단축키를 알아보자   265
   단축키 누르기   265
   단축키로 이동하기   266
   단축키로 범위 지정하기   266
   시트 이동하기   268
   더 알아두면 좋은 단축키   269
   마지막 작업 반복하기   271
   `1분만요!` 엑셀에서 가장 많이 사용하는 단축키 다섯 가지   272

영상 강의 로드맵   273

1장

엑셀 시작 전
꼭 알아야 하는
다섯 가지

키보드와
친해져요

 **시작해볼까요?**

엑셀 프로그램을 사용할 때는 단축키를 많이 사용하므로 키보드와 친해져야 합니다. 키보드의 Ctrl (컨트롤), Alt (알트), Shift (시프트) 등을 알파벳이나 숫자와 조합해서 누르면 단축키를 실행할 수 있습니다. 엑셀에서 자주 사용하는 키보드의 주요 키를 알아봅시다.

키보드를 살펴보겠습니다. Ctrl (컨트롤), Alt (알트), Shift (시프트), 이 세 개의 키는 조합키입니다. 조합키는 다른 키와 함께 눌러서 특별한 기능을 수행합니다. 예를 들어 엑셀에서 Ctrl 과 S 를 함께 누르면 파일이 저장됩니다.

[윈도우 ■] 키를 누르면 컴퓨터 화면에서 [시작 ■] 버튼을 클릭했을 때 나타나는 [시작 메뉴]가 펼쳐집니다.

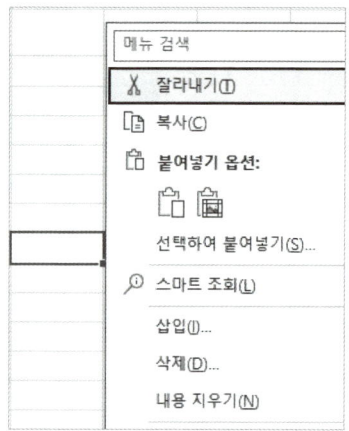

▲ [바로 가기▤] 키를 누르면 나타나는 단축 메뉴

⏎Enter (엔터) 키는 키보드에서 제일 많이 사용하는 키로, 워드 문서에서 줄 바꿈을 하거나 입력을 완료할 때 사용합니다.

[바로 가기▤] 키는 마우스 오른쪽 버튼을 누르는 것과 같은 역할을 합니다. 엑셀에서 [바로 가기▤] 키를 누르면 단축 메뉴가 나타납니다.

←Backspace (백스페이스) 키는 왼쪽 화살표(←) 모양으로 표시된 키로, 커서 위치를 기준으로 왼쪽에 입력된 글자를 지웁니다.

반면에 Delete (딜리트) 키는 커서 위치를 기준으로 오른쪽에 입력된 글자를 지웁니다.

Home (홈)을 누르면 커서가 문장의 맨 앞으로 이동하고, End (엔드)를 누르면 커서가 문장의 맨 뒤로 이동합니다.

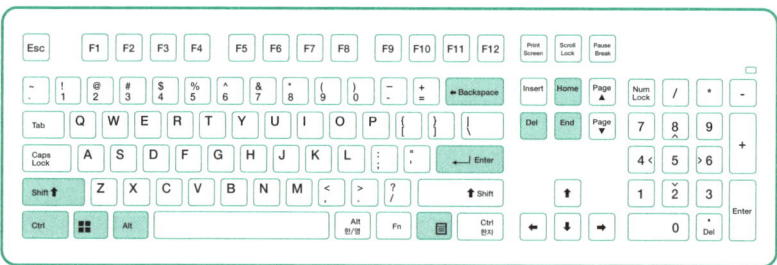

TIP [바로 가기(▤)] 키가 없는 키보드도 있습니다.

키보드의 일부 키는 하나의 키가 두 가지 기능을 수행합니다. 텔레비전 리모컨의 전원 버튼이 텔레비전을 '켜고', '끄는' 두 가지 기능을 제공하는 것과 같습니다. Caps Lock (캡스 록) 키(대문자/소문자), 한/영 키(한글/영어), Insert (인서트) 키(수정/삽입)가 그렇습니다.

예를 들어, 영어를 입력할 때 Caps Lock 키를 한 번 누르면 영문 대문자를 입력할 수 있고, 한 번 더 누르면 영문 소문자를 입력할 수 있습니다.

상하좌우 화살표 키는 방향키입니다. 누르는 방향으로 마우스 커서가 이동합니다.

키보드 오른쪽에 키가 모여 있는 부분을 키패드 혹은 숫자 키패드라고 불러요. Num Lock (넘 록) 키를 누르면 키보드 상단에 불이 켜지고 숫자를 입력할 수 있게 됩니다. 한 번 더 누르면 불이 꺼지면서 숫자 입력은 못 하게 되고 방향키 역할을 수행합니다.

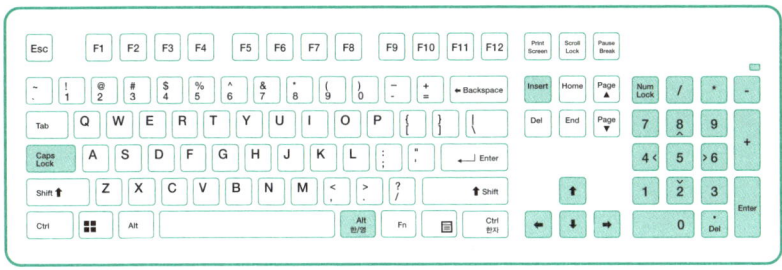

Esc (이에스씨) 키는 '탈출하다'라는 뜻의 영어 단어인 Escape에서 따온 말입니다. 방금 한 동작을 취소하거나, 창이 떴을 때 창을 끄는 등의 역할을 합니다.

F1 부터 F12 는 기능키(펑션키)입니다. 기능키(펑션키)는 키보드 상단에 위치하며, 특정 작업을 빠르게 수행하는 단축키입니다.

⏳ 1분만요! 누나IT의 1분 영상 강의

누나IT 유튜브 채널에서 **<의외로 모르는 Delete와 BackSpace 차이점>** 영상 강의를 시청하고 엑셀 기능을 복습해보세요.

QR 코드 인식이 어렵다면 유튜브 검색창에 **누나아이티 딜리트**를 검색하세요.

컴퓨터에서
엑셀을 실행해보자

시작해볼까요?

이제 엑셀 프로그램을 실행시켜 볼까요? 컴퓨터에서 엑셀 프로그램을 찾는 방법을 알아보고 엑셀을 실행해봅시다.

컴퓨터 화면의 아래에는 메뉴 아이콘이 여러 개 배치되어 있고, 그중 왼쪽에 [시작] 메뉴가 있어요. 시작 메뉴를 클릭한 후 [모든 앱]을 클릭하면 컴퓨터에 설치된 프로그램이 알파벳 순서로 나타납니다.

TIP 이 과정은 Windows 11을 기준으로 작성되었습니다. Windows 10에서는 [시작] 메뉴를 클릭하면 [모든 앱]을 별도로 누르지 않아도 컴퓨터에 설치된 프로그램이 알파벳 순서로 바로 표시됩니다.

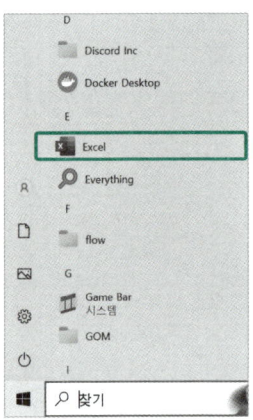

엑셀은 영문명이 Excel이니까 'E' 위치에서 프로그램을 찾을 수 있어요. [Excel]을 클릭해서 엑셀을 실행합니다.

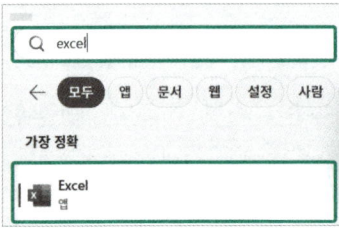

엑셀을 찾는 다른 방법은 [시작⊞] 메뉴 옆에 표시된 [검색] 상자에 **excel**을 입력하는 것입니다. 엑셀 프로그램의 아이콘이 보이면 클릭해서 엑셀을 실행하면 됩니다.

엑셀 화면에
익숙해지자

 **시작해볼까요?**

엑셀을 실행하면 모눈종이 같은 시트가 보입니다. 하나의 시트는 셀, 행, 열의 조합으로 만들어집니다. 엑셀을 학습하기 전에 수많은 셀로 이루어진 엑셀 작업 공간에 익숙해져 봅시다.

엑셀을 실행하면 다음과 같이 첫 화면이 나타납니다. [새 통합 문서]를 클릭하면 엑셀을 시작할 수 있는 새 문서가 열립니다.

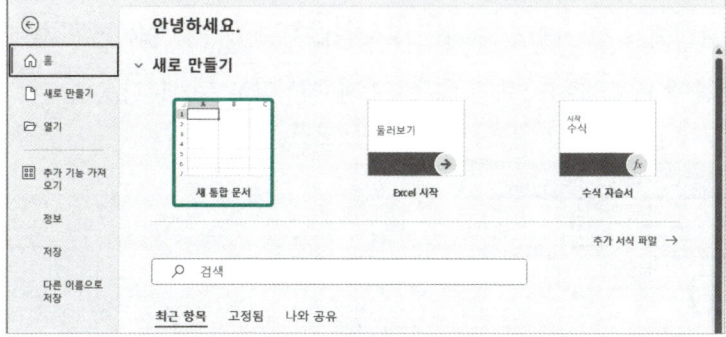

1장 엑셀 시작 전 꼭 알아야 하는 다섯 가지 **031**

엑셀은 수많은 칸으로 구성되는데 이 하나의 칸을 **셀**이라고 부릅니다. 셀에는 내용을 입력하거나 삭제할 수 있습니다. 또한 셀에 색을 채울 수 있고 크기를 늘리거나 줄일 수도 있어요.

마우스로 셀을 클릭하면 굵은 테두리가 표시되는데, 이를 셀 포인터라고 해요. 아래 그림에서 셀 포인터는 왼쪽 상단에 있어요.

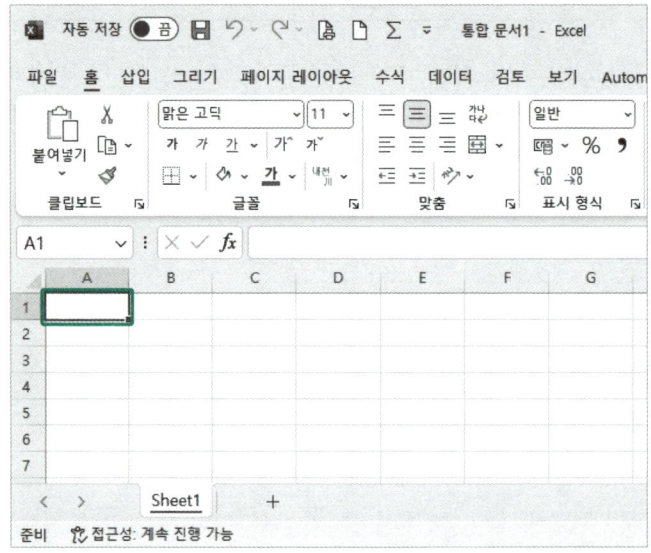

TIP 셀 포인터는 키보드의 방향키로 이동하거나 마우스로 원하는 셀을 클릭해서 이동합니다.

엑셀 화면에서 상단에 A, B, C, D…로 표시된 부분을 **열**이라고 부르고, 왼쪽에 1, 2, 3, 4…로 표시된 부분을 **행**이라고 부릅니다.

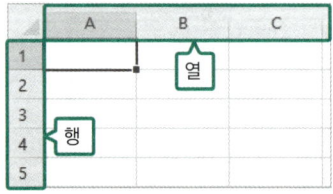

열과 행의 위치를 조합해서 각 셀의 이름을 만듭니다. 엑셀에서는 셀의 이름을 주소라고 표현해요. 현재 셀 포인터가 위치한 셀의 주소는 A열의 1행이므로 셀 주소는 **A1**이 됩니다. A열 위의 [이름 상자]에 현재 셀의 주소인 'A1'이 표시되어 있죠? 셀 포인터의 위치가 변할 때마다 [이름 상자]의 셀 주소도 바뀝니다.

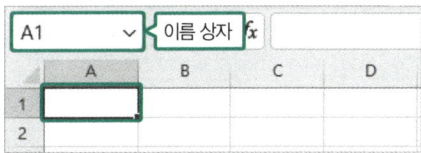

셀이 모여 있는 작업 공간을 [시트]라고 합니다. 엑셀 화면 하단에 **[Sheet1]**이 활성화되어 있는데, 현재 [Sheet1] 시트에서 작업 중임을 의미합니다. 시트는 마치 스케치북의 한 면과 같아요. 스케치북에 여러 장의 페이지가 있는 것처럼, 엑셀에서도 원하는 만큼 시트를 추가하거나 삭제할 수 있어요.

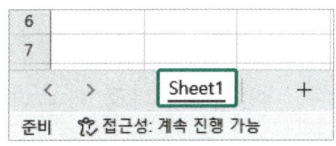

🔍 시트 추가하고 삭제하기 117쪽

셀에 내용을 입력해보자

 **시작해볼까요?**

셀에는 텍스트나 숫자, 수식과 함수 등을 입력할 수 있습니다. 셀에 내용을 입력하는 방법을 알아봅시다.

셀 하나를 마우스로 클릭한 후 키보드로 원하는 글자나 숫자를 입력해보세요. 입력을 완료하려면 Enter 를 누릅니다. Enter 를 누르면 셀 포인터가 다음 행으로 이동합니다. 엑셀에서는 내용을 입력하고 Enter 를 누르면, 셀 포인터가 오른쪽으로 이동하지 않고 아래로 이동해요.

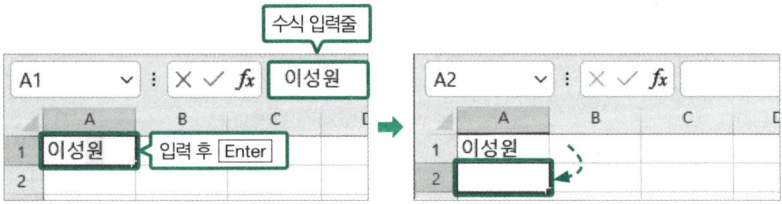

입력한 셀을 클릭하면 수식 입력줄에서도 입력한 내용을 확인할 수 있어요. 수식 입력줄은 각 셀에 입력된 텍스트나 함수식 등이 표시됩니다.

엑셀 파일을
저장해보자

 **시작해볼까요?**

엑셀 프로그램을 종료한 후에도 작업한 문서나 입력한 내용을 잃어버리지 않으려면 문서를 저장해야 합니다. 저장한 엑셀 파일은 필요할 때 다시 열어보거나 수정할 수 있습니다. 엑셀 파일을 저장하는 방법을 알아봅시다.

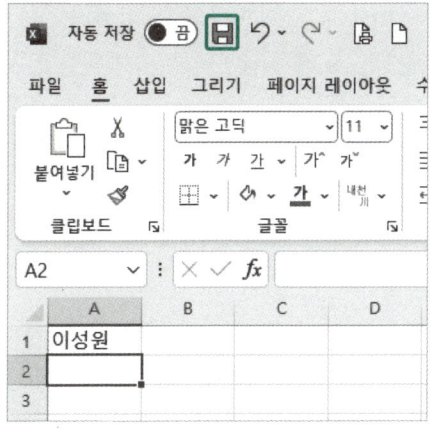

엑셀 문서를 저장해볼게요. 프로그램 상단에 있는 [저장 🖫]을 클릭합니다.

TIP 엑셀 프로그램 버전에 따라 [저장 🖫] 아이콘이 위치한 곳이 다를 수도 있어요. 하지만 저장 아이콘은 눈에 잘 띄니 금방 찾을 수 있을 거예요.

[이 파일 저장하기] 창이 나타나면 [파일 이름]에 저장할 파일 이름을 입력합니다. 여기에서는 **연습**이라고 입력했습니다. [위치 선택]을 클릭해서 파일을 저장할 위치를 선택합니다. 저장할 위치를 선택하지 않으면 [OneDrive]에 자동적으로 저장됩니다.

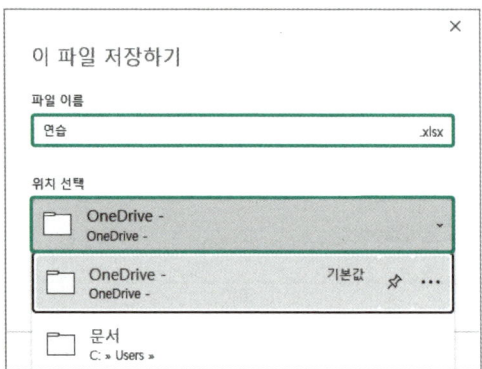

[위치 선택]에서 [OneDrive]가 아닌 [내 컴퓨터]에 저장하고 싶다면 [옵션 더 보기]를 클릭해보세요. [다른 이름으로 저장]에서 [찾아보기]를 클릭합니다.

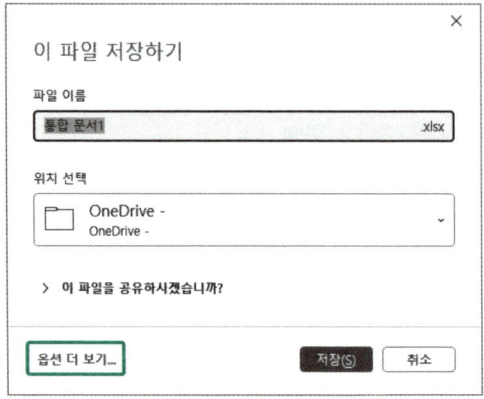

TIP [OneDrive]는 별도의 설치 과정이 필요해 사용하기에 번거롭습니다. 따라서 실습 파일은 [내 컴퓨터]에 저장하는 것을 권장합니다.

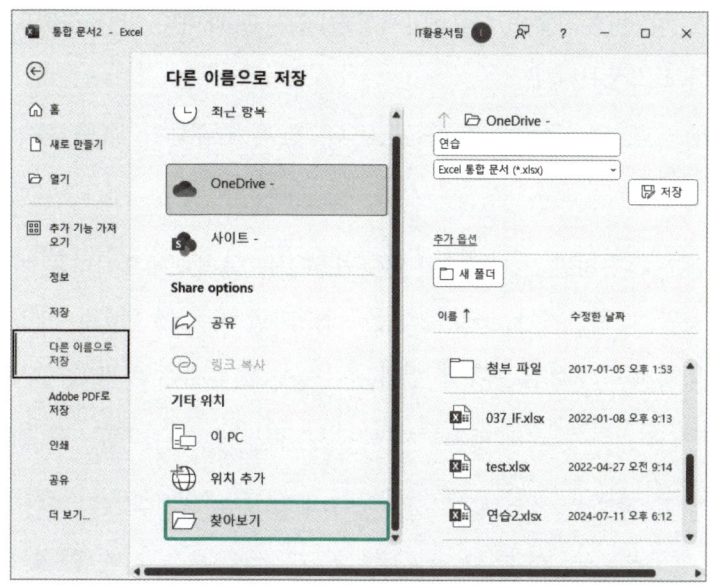

이제 저장하고 싶은 위치를 지정한 후 [저장]을 클릭하세요. 여기서는 **문서** 폴더에 저장했습니다.

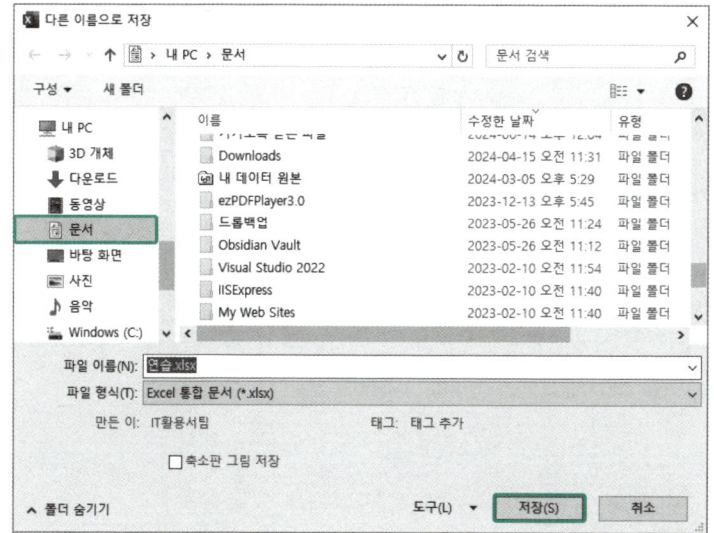

새 문서를 한 번 저장하면 이후에 [저장 🖫]을 누를 때마다 방금 정해둔 위치에 바로 저장됩니다.

`TIP` 파일을 저장한 위치는 꼭 기억해두세요. 파일을 다시 열 때 해당 위치에서 파일을 열어야 하기 때문입니다.

이런 절차가 복잡하게 느껴진다면 단축키 `F12` 를 눌러보세요. [다른 이름으로 저장] 대화상자가 바로 나타납니다. [파일 이름]에 원하는 파일 이름을 입력하고 저장할 위치를 정한 후 [저장]을 클릭하면 파일이 저장됩니다.

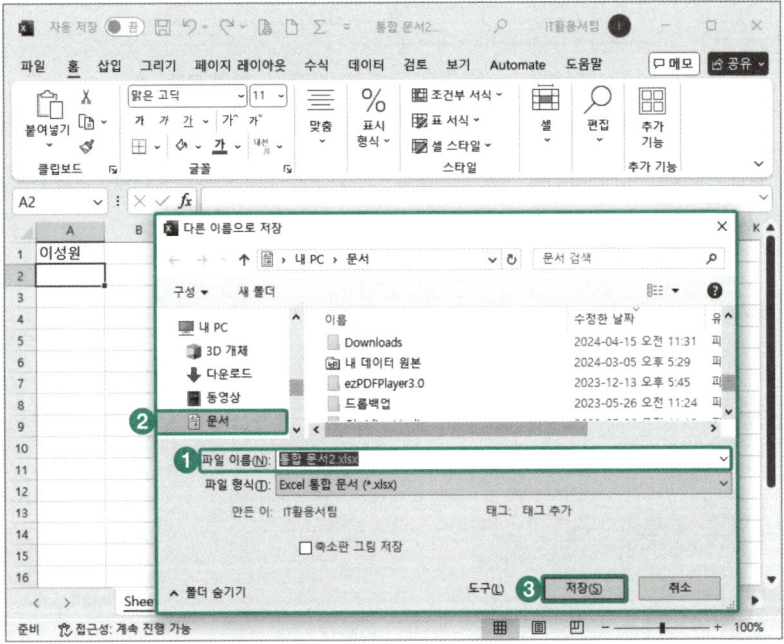

`TIP` 현재 문서를 다른 이름을 가진 새 파일로 저장하고 싶을 때도 `F12`를 누르면 됩니다.

2장

쉽지만 강력한
기초 기능 익히기

화면 크기를 조정하자

 **시작해볼까요?**

엑셀 화면은 원하는 대로 크기를 설정할 수 있습니다. 화면이 잘 보이지 않으면 화면을 확대해서 보세요. 화면을 확대하거나 축소하는 방법을 알아봅시다.

화면 크기 조정하기

엑셀 프로그램을 실행하고 첫 화면에서 [새 통합 문서]를 클릭해 새 문서를 열어보세요.

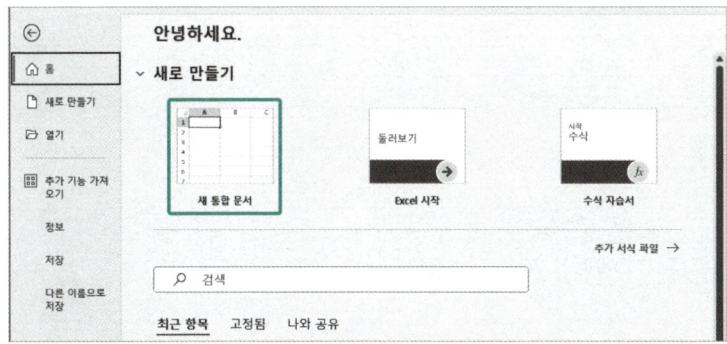

셀을 확대해서 보려면 엑셀 창 오른쪽 아래에 있는 플러스 모양 +
을 클릭합니다. 두 번 클릭하면 화면이 120%로 확대됩니다. 보통은
100%로 사용하지만 글씨가 작게 보인다면 화면을 확대하면 됩니다.

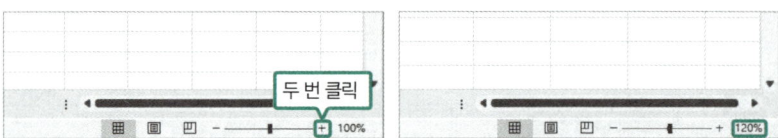

반대로 화면이 너무 커서 화면을 다시 축소하고 싶다면 마이너스 모양
-을 클릭합니다. 두 번 클릭하면 화면이 다시 100%로 축소됩니다.

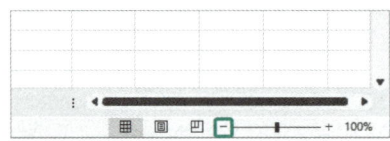

 정리해볼까요?

- 엑셀 창 오른쪽 아래에 있는 [확대], [축소] 아이콘을 사용하면 화면을 원하는 크기로 조정할 수 있습니다.

키보드를
활용하여
셀을 이동하자

 **시작해볼까요?**

셀을 이동할 때는 마우스로 셀을 클릭하거나 키보드의 방향키를 사용하면 됩니다. 방향키를 사용하면 상하좌우로 이동할 수 있습니다. 방향키와 Enter, Tab 등을 사용해서 셀을 이동하는 방법을 알아봅시다.

방향키로 셀 포인터 이동하기

셀에 내용을 입력하고 Enter를 누르면 셀 포인터가 아래로 이동합니다. 키보드의 방향키를 사용하여 셀 포인터가 오른쪽으로 이동하게 하는 방법을 알아보겠습니다.

셀에 숫자 1을 입력하고 오른쪽 방향키 →를 누르면 셀에 숫자가 입력되고 셀 포인터가 오른쪽으로 한 칸 이동합니다. 이어서 2를 입력한 후 →를 누르고 3을 입력한 후 →를 누르면 다음 그림과 같이 숫자가 입력됩니다.

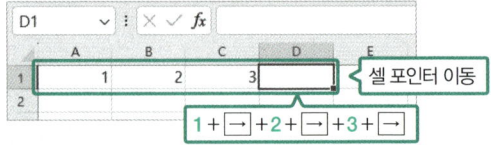

Enter와 Tab으로 셀 포인터 이동하기

Enter 를 누르면 셀의 아래쪽으로 셀 포인터가 이동하죠? [D1] 셀에 4를 입력하고 Enter 를 누르면 셀 포인터가 한 칸 아래로 이동합니다.

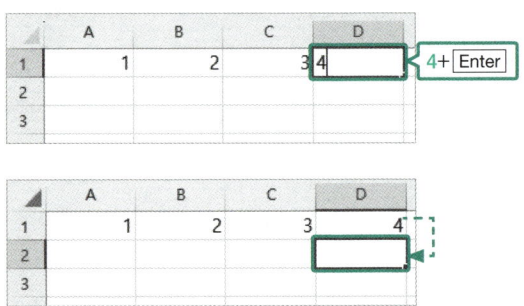

이번에는 Tab 을 이용해서 숫자를 입력해보겠습니다. [A2] 셀에 숫자 1을 입력하고 Tab 을 누르면 셀 포인터가 셀의 오른쪽으로 이동합니다. 오른쪽 방향키를 눌렀을 때와 같습니다. Tab 을 사용해서 4까지 입력해보세요.

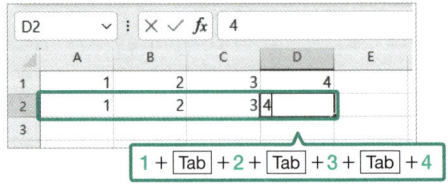

4를 입력하고 Enter 를 누르면, 셀 포인터가 '4가' 입력된 아래쪽 셀로 이동하는 게 아니라 '1'이 입력된 첫 번째 열로 옮겨가는 것을 알 수 있습니다.

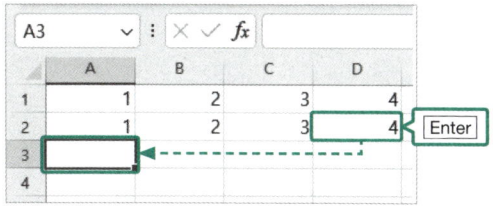

 **정리해볼까요?**

- 셀에 내용을 입력할 때 Enter , 방향키, Tab 을 사용해서 셀 포인터를 이동시킬 수 있습니다.

- Tab 을 누르면 셀 포인터가 오른쪽으로 이동합니다. Tab 을 사용해 오른쪽으로 이동하며 데이터를 입력하다가, Enter 를 누르면 셀 포인터가 다음 행의 첫 번째 셀로 이동합니다.

글꼴의 크기와 서식을 바꿔보자

 **시작해볼까요?**

내용을 강조하기 위해 글꼴의 크기나 서식을 변경할 수 있습니다. 글꼴의 크기와 서식을 수정하는 방법을 알아봅시다.

글꼴 크기 바꾸기

시트에 다음 그림과 같은 내용을 입력해주세요. 이전에 실습한 내용이 있다면 삭제한 후에 입력해주세요. 내용을 입력할 때는 앞서 배운 Tab과 Enter를 활용하면 더 편리합니다. 책과 꼭 똑같이 입력하지 않아도 됩니다. 제목과 내용, 숫자로 구성될 수 있게 입력해주세요.

내용을 다 입력하셨나요? 이제 제목의 글자 크기를 키워봅시다.

제목이 입력된 [B2] 셀을 클릭해볼까요? [홈] 탭 – [글꼴] 그룹에 있는 [글꼴 크기 크게 가], 또는 [글꼴 크기 작게 가]를 여러 번 클릭해서 글꼴 크기를 변경할 수 있습니다. [글꼴 크기 크게 가]를 세 번 클릭해서 제목의 글꼴을 16포인트로 키웁니다.

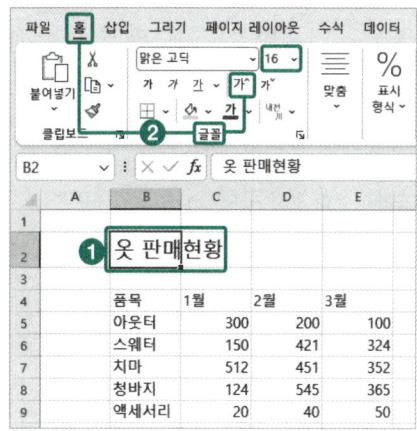

2장 쉽지만 강력한 기초 기능 익히기 **047**

글꼴에 서식 적용하기

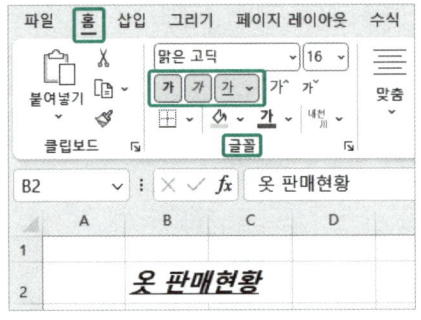

제목에 서식을 적용해보겠습니다. 서식으로는 굵게, 기울임, 밑줄을 적용하겠습니다. 서식 관련 옵션은 [홈] 탭 - [글꼴] 그룹에서 찾을 수 있습니다. [굵게 가], [기울임꼴 가], [밑줄 가]을 차례로 클릭하여 서식을 적용합니다. 만약 적용한 서식을 취소하고 싶다면, 해당 아이콘을 다시 클릭합니다.

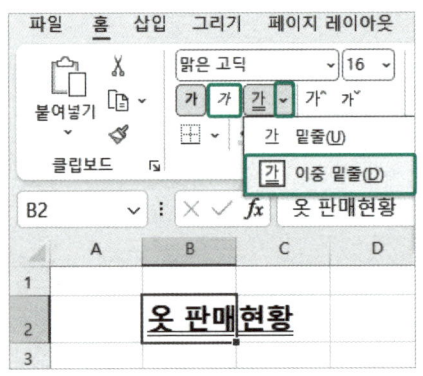

[기울임꼴 가]은 다시 클릭해서 적용을 취소합니다. 밑줄은 선이 두 개인 이중 밑줄로 바꾸겠습니다. [밑줄 가] 아이콘의 목록 버튼을 클릭하고 [이중 밑줄 가]을 클릭합니다.

정리해볼까요?

- [홈] 탭 - [글꼴] 그룹에서 글꼴의 크기를 조정하거나 서식을 적용할 수 있습니다.

테두리와 색을 적용해서 표를 완성하자

 **시작해볼까요?** 실습 파일 2장/04_테두리와 색.xlsx

입력한 데이터를 표 형식으로 정돈하기 위해 서식을 적용해보겠습니다. 테두리를 그리고 셀의 배경색과 글꼴 색도 설정해봅시다.

표 모양으로 테두리 그리기

화면에는 셀마다 테두리가 그려져 있지만 화면에만 보이는 임시선입니다. 실제로는 선이 없어서 인쇄하면 보이지 않습니다. 종이에 출력했을 때도 선이 보이려면 셀에 테두리를 그려야 합니다. 실습 파일의 '옷 판매현황' 데이터에 테두리를 그려보겠습니다.

테두리를 그릴 표의 범위를 지정하겠습니다. [B4] 셀부터 [E9] 셀까지 드래그합니다.

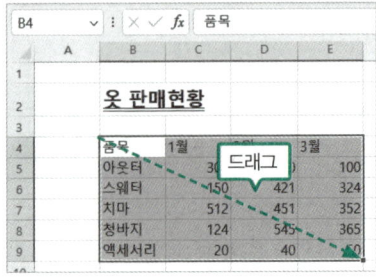

> **TIP** 드래그란 마우스를 클릭한 채로 지정하고 싶은 부분까지 움직인 후 마우스 버튼에서 손을 떼는 동작을 말합니다.

[홈] 탭 – [글꼴] 그룹에서 [테두리田]의 목록 버튼을 클릭한 후 [모든 테두리田]를 클릭합니다. 지정한 범위 내에 모든 셀에 테두리가 생겼습니다.

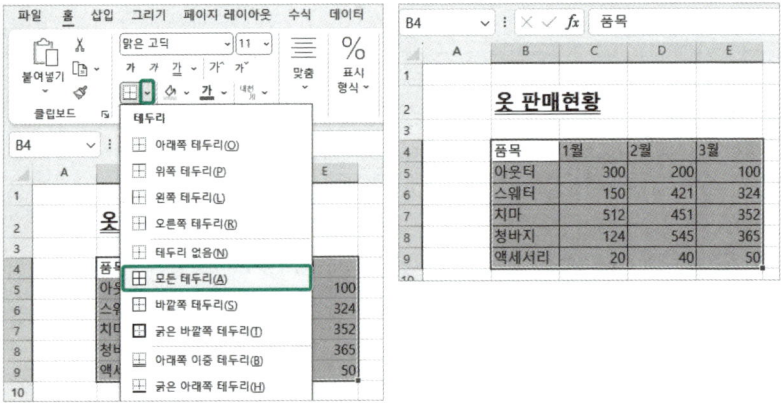

표의 가장자리를 진하고 두꺼운 테두리로 바꿔보겠습니다. 범위가 지정된 채로 [테두리田]의 목록 버튼을 클릭한 후 [굵은 바깥쪽 테두리田]를 클릭합니다. 다른 셀을 클릭해서 블록설정을 해제해볼까요? 가장자리만 굵은 테두리로 바뀐 것을 확인할 수 있습니다.

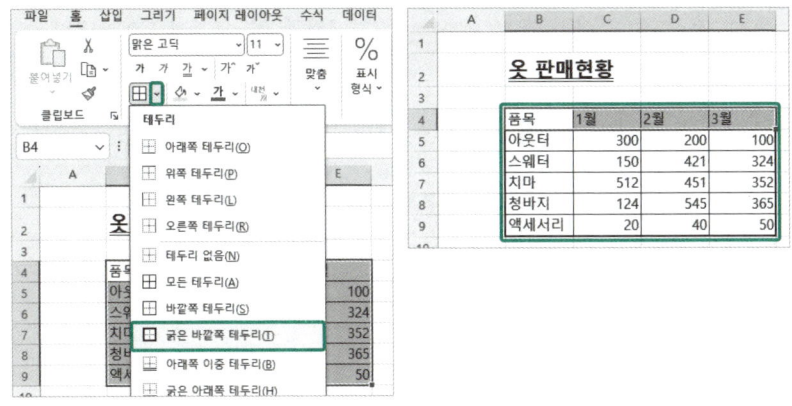

셀 배경색과 글꼴 색 바꾸기

셀의 배경색도 원하는 대로 바꿀 수 있습니다. 표의 첫 줄을 강조하기 위해 배경색을 넣어보겠습니다. 먼저 '품목'이 입력된 셀부터 '3월'이 입력된 셀까지 범위를 지정해야 합니다. [B4] 셀부터 [E4] 셀까지 드래그합니다.

범위가 지정된 상태에서 [홈] 탭 – [글꼴] 그룹 – [채우기 색]의 목록 버튼 을 클릭한 후 마음에 드는 파란색을 클릭합니다. 첫 줄의 배경색이 변경되었습니다.

이번에는 글꼴 색을 변경해보겠습니다. 계속해서 범위가 지정된 상태에서 [홈] 탭 - [글꼴] 그룹 - [글꼴 색]의 목록 버튼을 클릭한 후 원하는 색을 선택합니다.

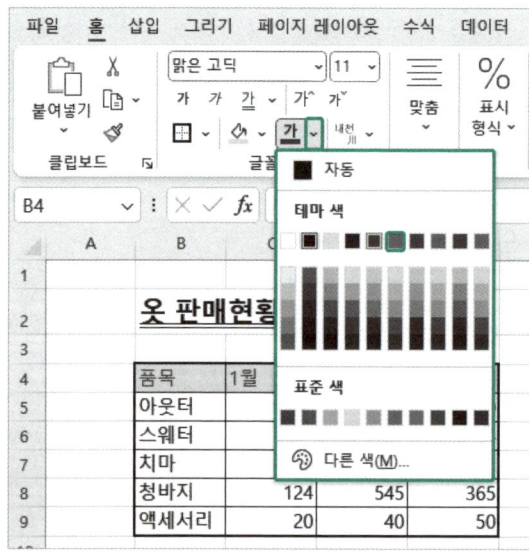

 **정리해볼까요?**

- 화면에 보이는 각 셀의 테두리는 임시선이므로, 실제로 출력하면 보이지 않습니다. 표 형식으로 만들기 위해서는 테두리를 그려야 합니다.
- [홈] 탭 – [글꼴] 그룹 – [테두리] 명령에서 테두리를 그릴 수 있습니다.
- [홈] 탭 – [글꼴] 그룹 – [채우기 색] 및 [글꼴 색] 명령에서 셀 배경색과 글꼴 색을 변경할 수 있습니다.

3분만요! 누나IT의 3분 영상 강의

 누나IT 유튜브 채널에서 **<간단한 표 만들기>** 영상 강의를 시청하고 엑셀 기능을 복습해보세요.

QR 코드 인식이 어렵다면 유튜브 검색창에 누나아이티 표 만들기를 검색하세요.

텍스트와 서식을
지워보자

 **시작해볼까요?**   실습 파일 2장/05_지우기.xlsx

셀에 입력된 내용과 서식을 지우는 방법을 알아봅시다.

셀에 입력된 내용 지우기

셀에 입력된 내용을 지우려면 해당 셀을 클릭한 후 키보드에서 Delete 를 누릅니다. 실습 파일을 열고 [B2] 셀을 클릭한 후 Delete 를 누릅니다.

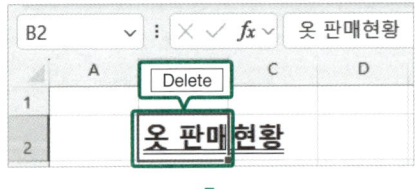

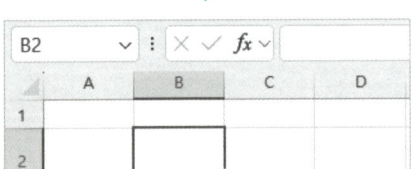

범위를 지정해서 한꺼번에 내용을 지우는 방법도 있습니다. [B4] 셀부터 [E9] 셀까지 드래그하고 키보드에서 Delete 를 누르면 범위 내에 입력된 내용이 모두 지워집니다. 이때 입력한 내용만 지워지고 셀 배경색이나 테두리는 지워지지 않습니다.

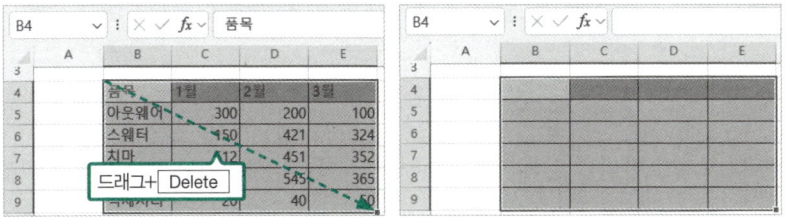

테두리와 배경색 지우기

셀 테두리를 지워보겠습니다. 계속해서 범위가 지정된 상태에서 진행합니다. [홈] 탭 – [글꼴] 그룹 – [테두리⊞]의 목록 버튼을 클릭한 후 [테두리 없음⊞]을 클릭합니다. 테두리가 없어진 것을 확인할 수 있습니다.

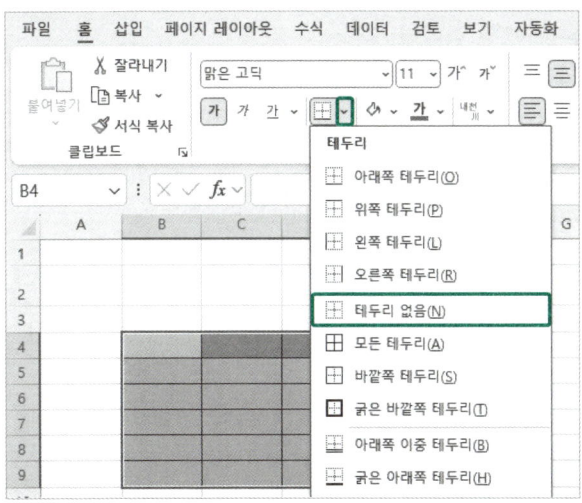

셀 배경색을 지워보겠습니다. 배경색이 남아 있는 [B4] 셀부터 [E4] 셀까지 드래그합니다. [홈] 탭 – [글꼴] 그룹 – [채우기 색]의 목록 버튼을 클릭한 후 [채우기 없음]을 클릭하면 셀 배경색이 지워집니다. 이제 내용과 서식이 모두 지워져서 빈 셀만 남았습니다.

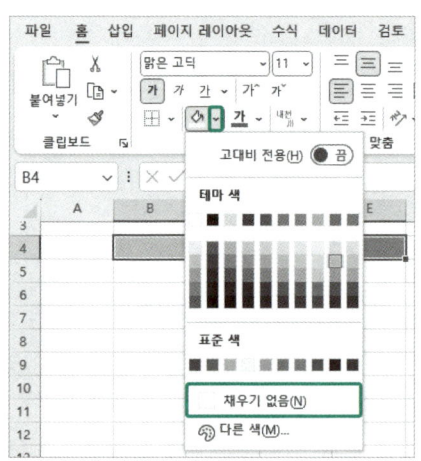

TIP 다음 실습을 위해 방금 한 동작을 모두 취소하여 표를 복원해주세요. 화면 좌측 상단에 있는 [실행 취소]를 여러 번 클릭하거나 Ctrl + Z 를 여러 번 눌러주세요.

서식과 내용을 한꺼번에 지우기

[홈] 탭 – [편집] 그룹 – [지우기◈] 명령을 이용하면 서식과 내용을 한꺼번에 지울 수 있습니다. [B4] 셀부터 [E9] 셀까지 드래그한 후 [지우기◈]의 목록 버튼ⵈ을 클릭합니다. [모두 지우기]를 클릭합니다.

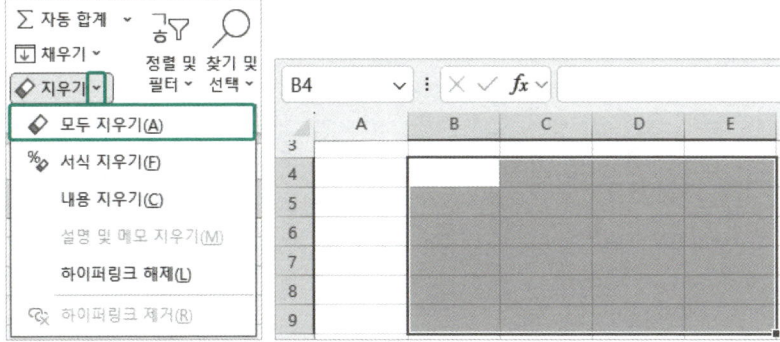

만약 [지우기◈] 명령에서 [서식 지우기◈]를 클릭하면 글꼴 색과 배경색, 테두리 등 서식이 모두 지워지고, 내용은 지워지지 않습니다.

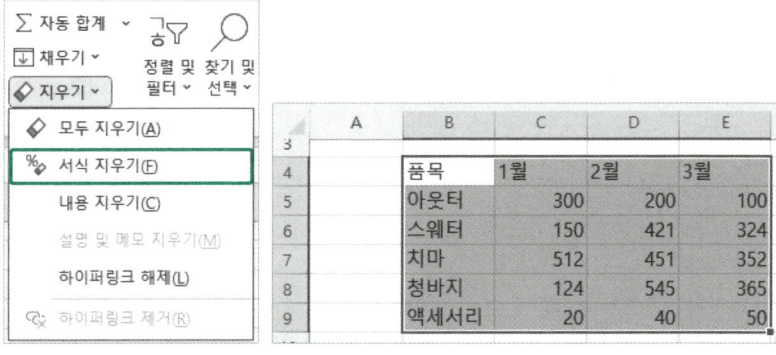

[내용 지우기]를 클릭하면 키보드에서 Delete 를 누르는 것과 마찬가지로 셀에 입력된 내용만 지워줍니다.

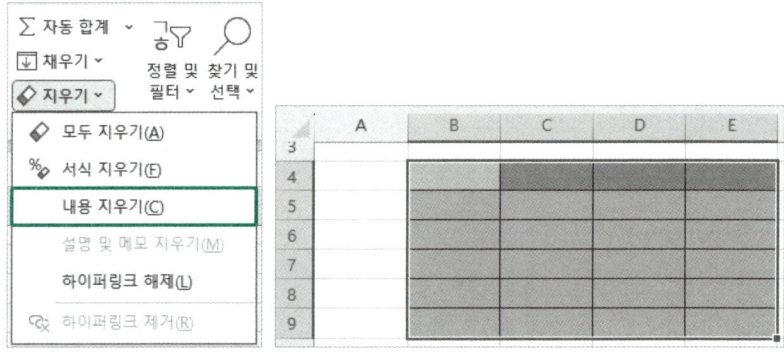

TIP 이번에도 다음 실습을 위해 [실행 취소⃝]를 여러 번 클릭해서 표를 복원해주세요.

입력한 내용 수정하기

입력한 내용을 지우는 게 아니라 수정하려면 어떻게 해야 할까요? 표의 맨 아래 입력된 '액세서리'를 '가방'으로 바꿔보겠습니다.

내용을 변경할 [B9] 셀을 클릭한 후 **가방**을 입력하고 Enter 를 누릅니다. 내용이 바뀌었습니다.

입력된 글자의 일부만 수정하려면 어떻게 해야 할까요? [B5] 셀에 입력된 '아웃터'를 '아웃웨어'로 바꿔보겠습니다. [B5] 셀을 더블클릭하고 변경할 부분인 '터'만 드래그한 후 **웨어**를 입력합니다. Enter 를 누르면 '아웃웨어'라고 입력된 것을 확인할 수 있습니다.

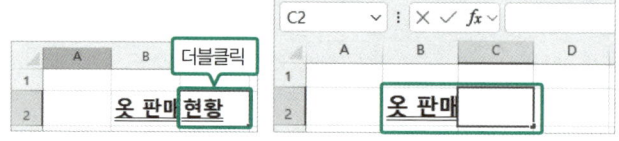

조금 더 가볼까요? 수식 입력줄에서 텍스트 확인하기

표 제목인 '옷 판매현황' 뒤에 '(1/4분기)'라고 쓰고 싶어서 '현황' 뒤를 더블클릭했더니 글씨가 없어졌습니다.

'옷 판매현황'은 [C2] 셀까지 텍스트가 넘어왔지만, [C2] 셀이 아니라 [B2] 셀에 텍스트가 입력되어 있기 때문입니다. [C2] 셀을 클릭해보면 수식 입력줄에 아무것도 입력되어 있지 않습니다. [B2] 셀을 클릭해보면 수식 입력줄에 '옷 판매현황'이라고 입력되어 있습니다. 제목을 수정하려면 [B2] 셀을 더블클릭하고 '현황' 뒤를 클릭한 후 **(1/4분기)**를 입력하고 Enter 를 누릅니다.

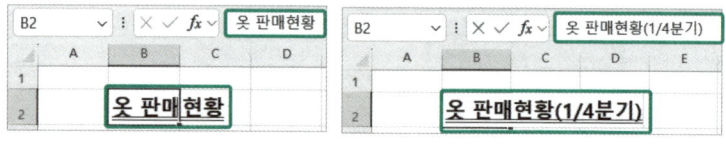

 **정리해볼까요?**

- 셀에 입력된 내용은 Delete 를 누르면 지워집니다.
- [홈] 탭 – [편집] 그룹 – [지우기] 명령에서 [모두 지우기]를 클릭하면 서식과 입력된 내용이 모두 지워집니다.
- 셀에 입력된 내용 중 일부만 수정하려면 셀을 더블클릭하고 수정할 부분을 드래그한 후 다시 입력합니다.

⌛ **3분만요! 누나IT의 3분 영상 강의**

 누나IT 유튜브 채널에서 **<서식 수정, 삭제 자유롭게 하기>** 영상 강의를 시청하고 엑셀 기능을 복습해보세요.

QR 코드 인식이 어렵다면 유튜브 검색창에 누나아이티 서식을 검색하세요.

날짜와 시간을 입력해보자

시작해볼까요?

엑셀에서 날짜와 시간을 입력할 때는 텍스트가 아닌 숫자 데이터로 인식되도록 입력해야 합니다. 날짜와 시간을 올바르게 입력하는 방법을 알아보겠습니다.

날짜와 시간 입력하기

[새 통합 문서]에서 날짜를 입력해보겠습니다. 엑셀에서 날짜를 입력할 때는 **01월 02일**로 입력하면 안 됩니다. **01-02**나 **01/02**로 입력해야만 엑셀이 날짜로 인식합니다. 만약 셀에 **01월 02일**이라고 입력하면, 입력한 내용이 셀의 왼쪽에 정렬됩니다.

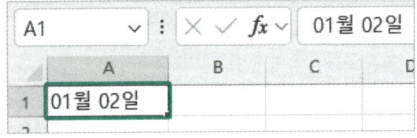

엑셀에서 문자는 왼쪽으로 정렬되고, 숫자처럼 계산되는 데이터는 오른쪽으로 정렬됩니다. 데이터가 문자로 인식되면 날짜 계산이나 함수 적용이 안 됩니다. 날짜와 시간을 입력하고 어느 방향으로 정렬되는지도 살펴보세요.

반면 **1-2**라고 입력하고 Enter 를 누르면, 셀의 내용은 오른쪽으로 정렬됩니다. 데이터의 정렬 위치를 통해 해당 셀이 더하거나 빼는 등의 계산을 할 수 있는지도 확인할 수 있습니다.

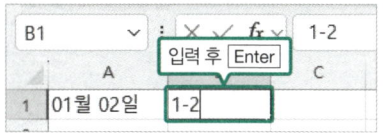 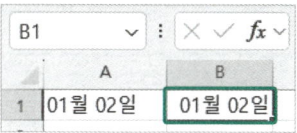

시간을 입력할 때는 시와 분 사이에 ':(콜론)'을 사용합니다. 예를 들어 **9:30**이라고 입력하면 셀 내용이 오른쪽으로 정렬되며, 수식 입력줄에는 'AM'으로 오전임을 표시합니다.

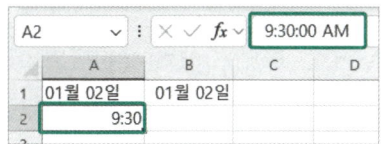

 정리해볼까요?

- 엑셀에서 문자는 왼쪽, 숫자 데이터는 오른쪽으로 정렬됩니다.
- 날짜는 '01-02'나 '01/02'와 같은 형식으로 입력해야 합니다.
- 시간을 입력할 때는 ':(콜론)'을 사용해야 합니다.

채우기 핸들로
데이터를 빠르게
입력하자

 **시작해볼까요?**

채우기 핸들은 연속된 숫자나 규칙적인 값을 셀에 자동으로 채워줍니다. 채우기 핸들로 데이터를 빠르게 입력하는 방법을 배워봅시다.

채우기 핸들 사용법 익히기

[새 통합 문서]에서 실습을 진행하겠습니다. 하나의 셀을 클릭하면 선택한 셀에 테두리가 표시되는데, 이를 셀 포인터라고 부릅니다. 셀 포인터의 오른쪽 하단에 보이는 점이 채우기 핸들➕입니다.

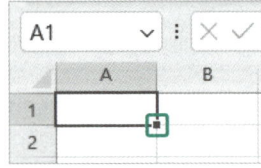

채우기 핸들에 마우스 포인터를 가져가면 마우스 포인터가 얇은 십자가 모양 ⊞으로 변합니다. 십자가 모양 ⊞을 클릭한 채 드래그하면 채우기 핸들 기능을 사용할 수 있습니다. 텍스트나 숫자를 입력한 후 채우기 핸들을 드래그하면 드래그한 셀만큼 텍스트나 숫자가 복사됩니다.

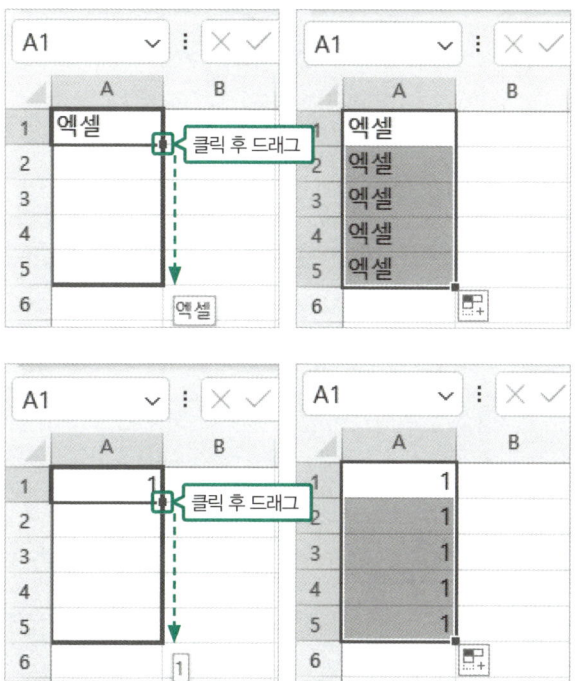

채우기 핸들을 드래그한 후 셀 오른쪽 하단에 나타나는 [자동 채우기 옵션 🖻]을 클릭하면 다양한 방식으로 셀을 채울 수 있습니다. 숫자 **1**을 입력한 후 채우기 핸들을 드래그한 후 [자동 채우기 옵션 🖻]을 클릭합니다. 목록에서 [연속 데이터 채우기]를 클릭하면 1, 1, 1…이라고 입력된 데이터가 1, 2, 3…과 같은 방식으로 셀에 채워집니다.

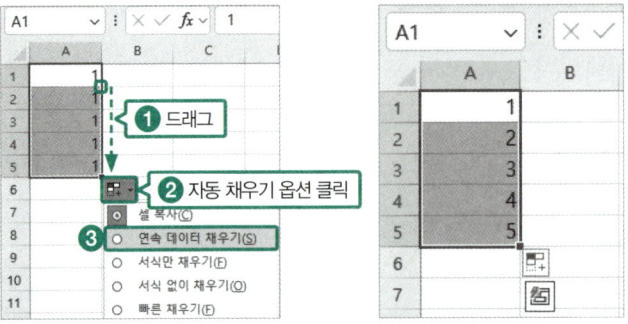

TIP 셀에 1을 입력한 후 Ctrl을 누른 채로 채우기 핸들을 드래그해도 1, 2, 3, 4, 5와 같은 방식으로 셀에 채워집니다.

채우기 핸들은 열 방향뿐만 아니라 행 방향으로도 사용할 수 있습니다. 행 방향으로도 Ctrl을 누른 채로 채우기 핸들을 드래그하면 숫자가 증가하면서 셀이 채워집니다.

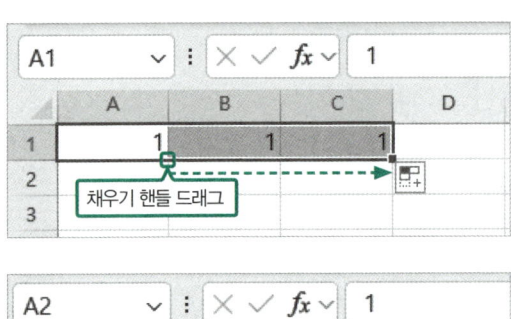

 **채우기 핸들로 배수 단위 입력하기**

채우기 핸들로 짝수만 셀에 채워보겠습니다. 우선 셀에 **2**를 입력하고 Enter 를 누릅니다. 그다음 셀에는 **4**를 입력하고 Enter 를 누릅니다. 이제 두 셀을 범위 지정한 후 채우기 핸들을 아래쪽으로 드래그합니다. 2, 4, 6, 8…과 같은 방식으로 셀에 짝수가 채워집니다.

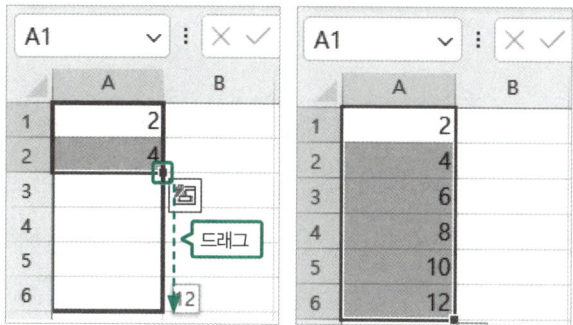

지정한 단위만큼 증가하는 방식으로 채우기 핸들을 사용해도 됩니다. **5**를 입력하고, 다음 셀에 **10**을 입력합니다. 두 셀의 범위를 지정하고 채우기 핸들을 드래그하면 5, 10, 15, 20…과 같이 5단위로 숫자가 증가하며 셀이 채워집니다.

채우기 핸들로 혼합 데이터와 날짜 데이터 입력하기

문자와 숫자가 섞여 있는 데이터에 채우기 핸들을 사용하면 어떻게 셀이 채워질까요? nnit0001을 입력한 후 채우기 핸들을 아래쪽으로 드래그하겠습니다. nnit0001, nnit0002, nnit0003, nnit0004…와 같은 방식으로 숫자가 증가한 것을 볼 수 있습니다.

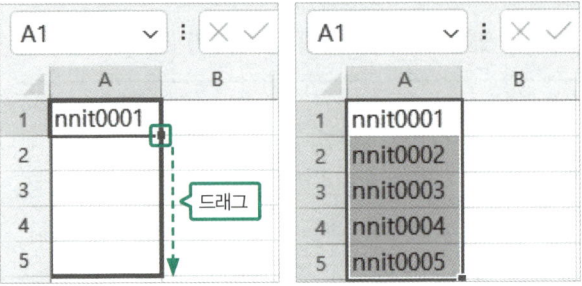

TIP 'nnit0001'처럼 문자와 숫자가 함께 입력된 셀은 채우기 핸들을 사용해서 드래그하면 숫자만 증가해서 셀이 채워집니다.

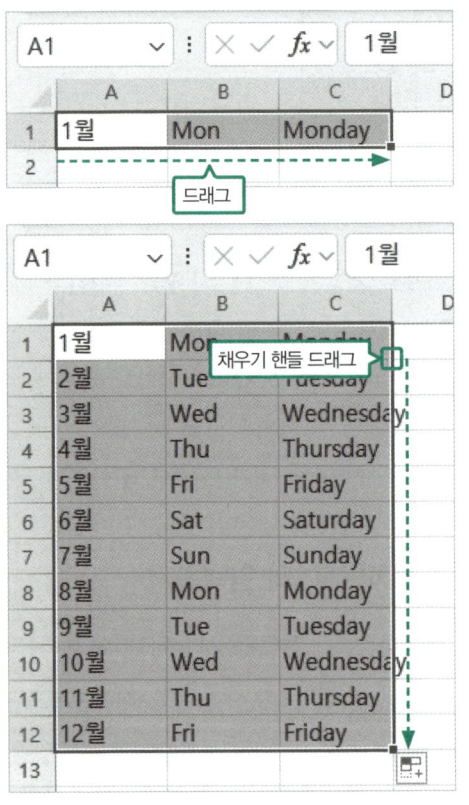

월과 요일을 채우기 핸들을 사용해서 입력해보겠습니다. **1월**, **Mon**, **Monday**라고 각 셀에 입력합니다. 세 개의 셀을 범위 지정한 후 채우기 핸들을 아래쪽으로 드래그해볼까요? 월과 요일이 자동으로 증가하며 채워집니다.

TIP 날짜도 동일한 방식으로 입력할 수 있습니다. 셀에 **1-1**을 입력한 후 채우기 핸들을 드래그합니다. 01월 01일, 01월 02일, 01월 03일과 같은 방식으로 날짜가 입력됩니다.

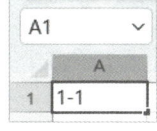 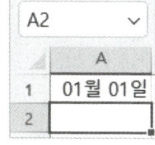 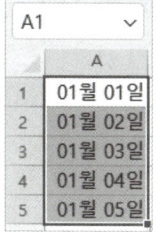

정리해볼까요?

- 채우기 핸들을 드래그하면 문자나 숫자를 복사할 수 있습니다.
- 숫자를 채우기 핸들로 드래그하면 지정한 단위만큼 증가하며 셀에 채워집니다.
- 숫자와 문자가 혼합된 데이터를 채우기 핸들로 드래그하면 숫자만 자동으로 증가하며 셀에 채워집니다.

⏳ 1분만요! 누나IT의 1분 영상 강의

누나IT 유튜브 채널에서 **<이 기능 때문에 엑셀이 유명한 거예요>** 영상 강의를 시청하고 엑셀 기능을 복습해보세요.

QR 코드 인식이 어렵다면 유튜브 검색창에 **누나아이티 엑셀 유명한 기능**을 검색하세요.

⏳ 3분만요! 누나IT의 3분 영상 강의

누나IT 유튜브 채널에서 **<강력한 자동 채우기 핸들>** 영상 강의를 시청하고 엑셀 기능을 복습해보세요.

QR 코드 인식이 어렵다면 유튜브 검색창에 **누나아이티 자동 채우기**를 검색하세요.

빠른 채우기 기능으로 데이터를 입력하자

시작해볼까요?

실습 파일 2장/08_빠른 채우기.xlsx

빠른 채우기 기능은 이미 입력된 데이터를 분석해서 다른 셀을 자동으로 채워줍니다. 빠른 채우기 기능을 사용하여 데이터를 입력해봅시다.

빠른 채우기 사용법 익히기

빠른 채우기 기능은 입력된 데이터의 패턴을 감지해서 자동으로 데이터를 입력해줍니다. 실습 파일을 열어볼까요? 첫 번째 표에 이메일이 적혀 있습니다. 빠른 채우기 기능을 사용해 이메일을 아이디와 도메인으로 각각 셀을 분리해보겠습니다.

TIP 엑셀의 빠른 채우기 기능은 엑셀 2013 이상 버전에서만 사용할 수 있습니다.

먼저 [C3] 셀에 아이디인 nnit를 입력하고 Enter를 누릅니다.

[홈] 탭 - [편집] 그룹 - [채우기]의 목록 버튼을 클릭하고 [빠른 채우기]를 클릭합니다. [C4] 셀부터 [C6] 셀까지 아이디가 자동으로 추출되었습니다.

도메인도 빠른 채우기로 채워보겠습니다. [D3] 셀에 **naver.com**을 입력하고 Enter를 누릅니다. [홈] 탭 - [편집] 그룹 - [채우기]의 목록 버튼을 클릭하고 [빠른 채우기]를 클릭합니다. [D4] 셀에서 [D6] 셀까지 도메인 주소가 자동으로 추출되었습니다.

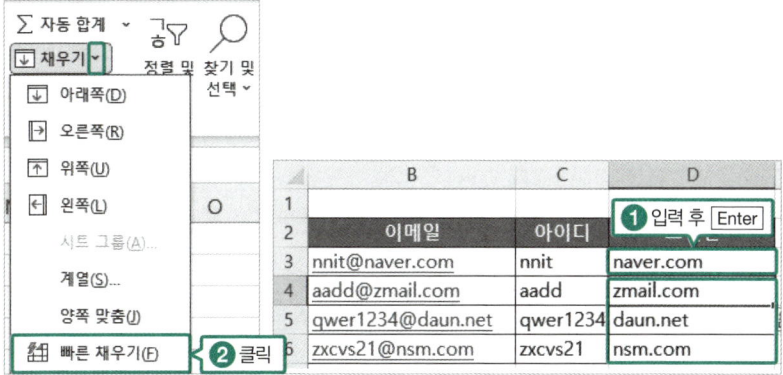

이번에는 오른쪽 표에서 '주소' 셀에 있는 구와 동을 분리해서 추출해 보겠습니다. '구' 열인 [G3] 셀에 **강동구**를 입력한 후 Enter 를 누릅니다. 마찬가지로 [빠른 채우기]를 클릭하면 나머지 셀에도 구 이름이 추출됩니다.

주소	구	동
서울 강동구 천호동	강동구	
서울 강남구 대치동		
경기도 남양주 호평동		
인천 남동구 고잔동		

입력 후 Enter

주소	구	동
서울 강동구 천호동	강동구	
서울 강남구 대치동	강남구	
경기도 남양주 호평동	남양주	
인천 남동구 고잔동	남동구	

'동'도 입력해볼까요? [H3] 셀에 **천호동**을 입력한 후 Enter 를 누릅니다. 이번에는 작업 속도를 높이기 위해 단축키를 사용해보겠습니다. [H4] 셀에서 단축키 Ctrl + E 를 누르면 나머지 '동' 이름이 추출됩니다.

주소	구	동
서울 강동구 천호동	강동구	천호동
서울 강남구 대치동	강남구	대치동
경기도 남양주 호평동	남양주	호평동
인천 남동구 고잔동	남동구	고잔동

❶ 입력 후 Enter
❷ Ctrl + E

TIP 빠른 채우기 기능을 단축키로 실행하려면 Ctrl + E 를 누르면 됩니다.

셀 병합 해제 후 빠른 채우기 실행하기

마지막 표를 살펴볼까요? 엑셀에서는 여러 셀을 하나의 셀로 병합할 수 있습니다. 하지만 셀이 병합되면 빠른 채우기를 사용할 수 없습니다. 다음과 같이 '생성 메일' 열을 살펴보면 [C열]과 [D열]로 나뉘어야 하는데 하나의 셀로 병합된 것을 알 수 있습니다.

빠른 채우기를 사용하기 위해 병합된 셀을 해제하겠습니다. [C9] 셀부터 [D12] 셀까지 드래그해서 범위를 지정합니다. [홈] 탭 - [맞춤] 그룹 - [병합하고 가운데 맞춤📰]을 클릭해서 병합을 해제합니다.

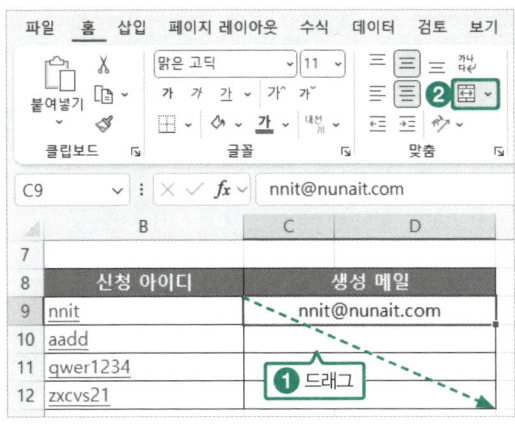

2장 쉽지만 강력한 기초 기능 익히기

	B	C	D
7			
8	신청 아이디	생성 메일	
9	nnit	nnit@nunait.com	
10	aadd		
11	qwer1234		
12	zxcvs21		

[C9] 셀을 클릭한 후 Ctrl + E 를 누르면, 나머지 셀에도 아이디와 도메인이 합쳐져서 메일 주소가 자동으로 추출됩니다. 아이디 뒤에 붙는 도메인은 첫째 줄에 표시한 도메인과 동일합니다.

	B	C	D
7			
8	신청 아이디	생성 메일	
9	nnit	nnit@nunait.com	클릭 후 Ctrl + E
10	aadd	aadd@nunait.com	
11	qwer1234	qwer1234@nunait.com	
12	zxcvs21	zxcvs21@nunait.com	

정리해볼까요?

- 빠른 채우기 기능은 입력된 데이터의 패턴을 감지해서 셀에 자동으로 데이터를 채워줍니다.
- 빠른 채우기 기능은 [홈] 탭 – [편집] 그룹 – [채우기] 명령에서 [빠른 채우기]를 클릭하거나 단축키 Ctrl + E 를 눌러서 사용합니다.
- 병합된 셀에는 빠른 채우기 기능을 사용할 수 없습니다.

열 너비, 행 높이를 자유자재로 조절해보자

시작해볼까요?　　　　　　　　　　　　　실습 파일 2장/09_열과 행 조절

열이나 행 머리의 경계선을 드래그하거나 더블클릭하여 열 너비와 행 높이를 조절하는 방법을 알아봅시다.

열 너비와 행 높이 조절하기

엑셀은 행과 열로 이루어지므로, 서식을 자유롭게 만들기 위해서는 행 높이와 열 너비를 적절히 조절할 수 있어야 합니다. 엑셀 화면을 살펴보면 가로 방향으로 A, B, C…와 같이 표시된 부분을 **열 머리**라고 하며, 세로 방향으로 1, 2, 3…으로 표시된 부분을 **행 머리**라고 합니다.

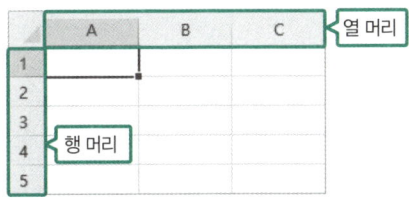

🔍 엑셀 화면 구성 살펴보기 013쪽

실습 파일의 표에서 열 머리 [B열]과 [C열] 사이의 경계선에 마우스 포인터를 올리면 마우스 포인터 모양이 ✥로 바뀝니다. 이 지점을 클릭해서 좌우로 드래그하면 열 너비를 조절할 수 있습니다.

행 높이도 마찬가지입니다. 행과 행 사이의 경계선에 마우스 포인터를 올리면 마우스 포인터 모양이 ✥로 바뀝니다. 이 지점을 클릭해서 위아래로 드래그하면 행 높이를 바꿀 수 있습니다.

열 머리와 행 머리를 조절하는 또 다른 방법으로 더블클릭을 활용하는 방법이 있습니다. 먼저 [B열] 머리부터 [E열] 머리까지 드래그해서 범위를 지정합니다. [B열]과 [C열]의 경계선에 마우스 포인터를 올리고 마우스 포인터 모양이 바뀌면 더블클릭합니다. 각 열의 너비가 셀에 입력된 글자의 길이에 맞춰 자동으로 조절되었습니다.

셀에 #가 보일 때 수정하기

3월 실적이 입력된 [E열]을 매우 좁게 줄여보세요. 열 너비를 드래그해서 줄이니 3월 실적이 #로 바뀌어서 보입니다.

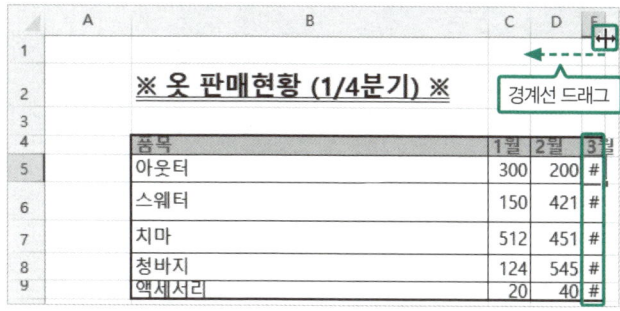

#가 보이는 이유는 열 너비가 좁아져 데이터가 다 보이지 않아서 그렇습니다. 다시 열 너비를 넓히기 위해 열 머리 경계선을 드래그하거나 더블클릭해서 너비를 조절해봅시다.

여러 셀의 너비와 행을 동일하게 설정하기

표에서 [B열]부터 [E열]까지 너비가 제각각인데, 동일한 너비로 설정해보겠습니다. [B열]부터 [E열]까지 열 머리를 드래그해서 범위로 지정합니다. 그리고 [B열]과 [C열] 사이의 경계선을 원하는 너비로 드래그합니다. [B열]부터 [E열]까지의 너비가 동일하게 수정되었습니다.

행 높이도 동일하게 조절해볼까요? [4행]부터 [9행]까지 행 머리를 드래그해서 범위로 지정합니다. [4행]과 [5행] 사이의 경계선을 원하는 높이로 드래그합니다. [4행]부터 [9행]까지 행 높이가 동일하게 수정되었습니다.

정리해볼까요?

- 열 머리와 행 머리 경계선에 마우스 포인터를 올리고 드래그하면, 열 너비와 행 높이를 조절할 수 있습니다.

열과 행을
추가하거나
삭제해보자

 **시작해볼까요?** 실습 파일 2장/10_열과 행 추가 삭제.xlsx

엑셀에서는 셀을 추가하거나 삭제할 수 있습니다. 열이나 행 전체를 삽입/삭제하는 방법과 특정 셀만 삽입/삭제하는 방법을 알아봅시다.

열과 행을 삽입하고 삭제하기

실습 파일의 표에서 '1월'과 '2월' 사이에 열 하나를 더 삽입해보겠습니다. [D열] 머리를 클릭합니다. 마우스 오른쪽 버튼을 클릭한 후 [삽입]을 클릭합니다. [D열]에 새로운 열이 추가된 것을 확인할 수 있습니다.

이번에는 열을 삭제해볼까요? 추가한 [D열] 머리를 클릭합니다. 마우스 오른쪽 버튼을 클릭한 후 [삭제]를 클릭합니다.

행을 삽입하거나 삭제하는 것도 동일합니다. [6행] '스웨터'와 [7행] '치마' 사이에 행 하나를 삽입하겠습니다. [7행] 머리를 클릭한 후 마우스 오른쪽 버튼을 클릭하고 [삽입]을 클릭합니다.

2장 쉽지만 강력한 기초 기능 익히기

	A	B	C	D	E
1					
2		※ 옷 판매현황 (1/4분기) ※			
3					
4		품목	1월	2월	3월
5		아웃터	300	200	100
6		스웨터	150	421	324
7					
8		치마	512	451	352
9		청바지	124	545	365
10		액세서리	20	40	50

❶ [7행] 머리 마우스 오른쪽 버튼 클릭

- 메뉴 검색
- 잘라내기(T)
- 복사(C)
- 붙여넣기 옵션:
- 선택하여 붙여넣기(S)...
- 삽입(I) ❷
- 삭제(D)

	A	B	C	D	E
1					
2		※ 옷 판매현황 (1/4분기) ※			
3					
4		품목	1월	2월	3월
5		아웃터	300	200	100
6		스웨터	150	421	324
7					
8		치마	512	451	352
9		청바지	124	545	365
10		액세서리	20	40	50

행을 삭제해볼까요? 추가한 [7행] 머리를 클릭합니다. 마우스 오른쪽 버튼을 클릭한 후 [삭제]를 클릭합니다.

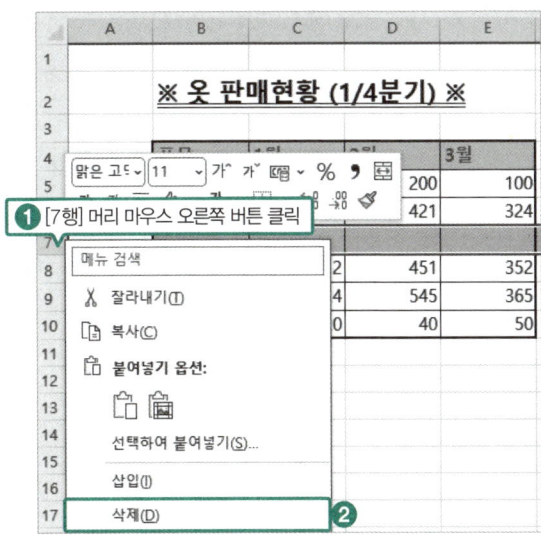

여러 개의 행이나 열을 삽입하고 삭제해보겠습니다. '1월'과 '2월' 사이에 세 개의 열을 삽입해보겠습니다. [D열]부터 [F열]까지 열 머리를 드래그해서 범위로 지정합니다. 마우스 오른쪽 버튼을 클릭한 후 [삽입]을 클릭합니다. 세 개 열이 한꺼번에 삽입됩니다.

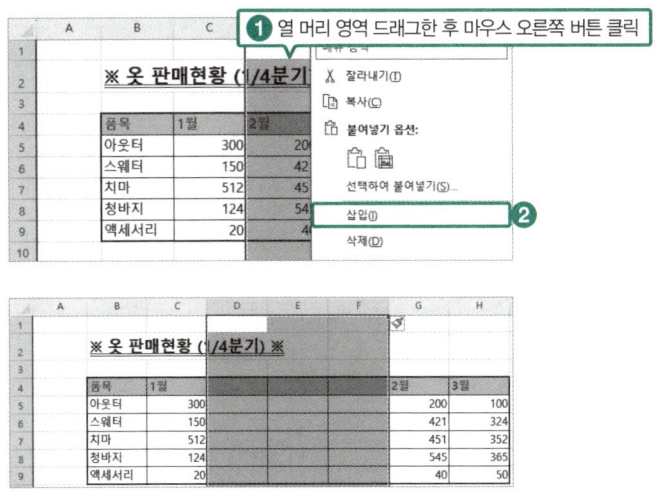

추가한 [D열]부터 [F열]까지 다시 삭제해보겠습니다. [D열]부터 [F열]까지 드래그해서 범위를 지정합니다. 마우스 오른쪽 버튼을 클릭한 후 [삭제]를 클릭합니다. 세 개 열이 한꺼번에 지워집니다.

일부 셀만 삽입하고 삭제하기

열이나 행 전체가 아니라 일부 셀만 삽입하고 싶다면 어떻게 해야 할까요? '1월' 아래에 입력된 숫자 데이터를 전부 오른쪽으로 밀어서 빈 셀을 만들어보겠습니다.

우선 셀을 삽입할 위치인 [C5] 셀부터 [C9] 셀까지 드래그합니다. 오른쪽 버튼을 클릭한 후 [삽입]을 클릭합니다.

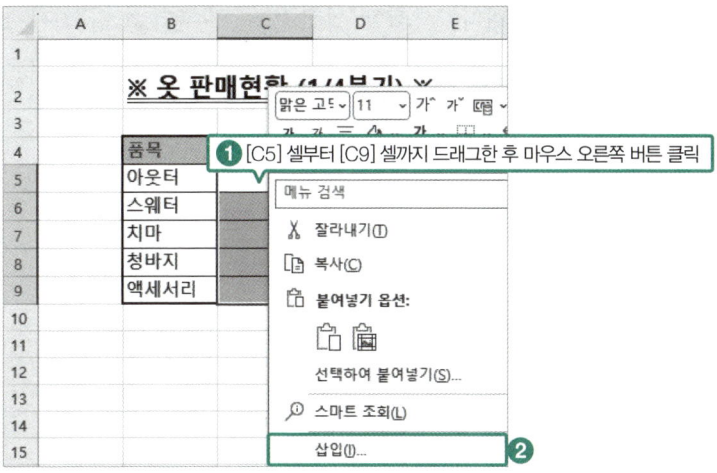

① [C5] 셀부터 [C9] 셀까지 드래그한 후 마우스 오른쪽 버튼 클릭

②

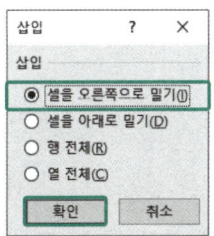

[삽입] 대화상자가 나타나면 지정한 범위를 어떤 방향으로 옮기려고 하는지 물어봅니다. [셀을 오른쪽으로 밀기]를 클릭한 후 [확인]을 클릭합니다.

'1월' 셀 아래에 입력된 숫자 데이터가 전부 오른쪽으로 밀리고 빈 셀이 삽입되었습니다.

	A	B	C	D	E	F
1						
2		※ 옷 판매현황 (1/4분기) ※				
3						
4		품목	1월	2월	3월	
5		아웃터		300	200	100
6		스웨터		150	421	324
7		치마		512	451	352
8		청바지		124	545	365
9		액세서리		20	40	50

2장 쉽지만 강력한 기초 기능 익히기 **085**

일부 셀만 삭제해보겠습니다. 삭제할 셀인 [C5] 셀부터 [C9] 셀까지 드래그합니다. 마우스 오른쪽 버튼을 클릭한 후 [삭제]를 클릭합니다.

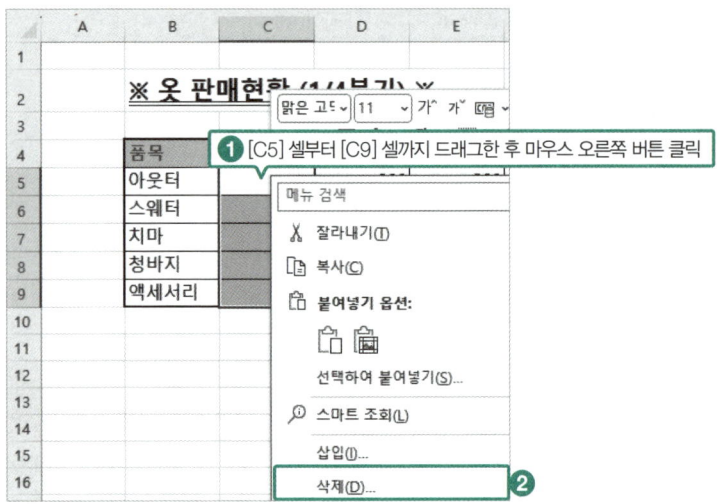

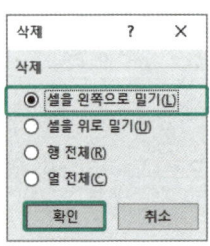

[삭제] 대화상자가 나타나면 [셀을 왼쪽으로 밀기]를 클릭한 후 [확인]을 클릭합니다. 선택한 셀이 삭제되고 나머지 데이터는 왼쪽으로 밀립니다.

정리해볼까요?

- 열이나 행 전체를 삽입하거나 삭제할 수 있습니다.
- 열이나 행 전체가 아닌 일부 셀만 삽입하거나 삭제할 수 있습니다.
- 셀을 삽입하거나 삭제할 때는 마우스 오른쪽 버튼을 눌러 나타나는 단축 메뉴에서 [삽입] 또는 [삭제]를 클릭하면 됩니다.

3장

편집과 인쇄로 작업 실력 키우기

복사, 붙여넣기, 잘라내기를 해보자

01

 **시작해볼까요?**　　　실습 파일 3장/01_복사-붙여넣기.xlsx

복사와 붙여넣기는 컴퓨터를 할 때 자주 사용하는 기능입니다. 엑셀에서 복사와 붙여넣기, 잘라내기를 어떻게 하는지 알아보고, 빠르게 실행할 수 있는 단축키도 익혀봅시다.

복사-붙여넣기 기능 익히기

복사-붙여넣기 기능은 복사기처럼 같은 내용을 여러 개 만듭니다. 실습 파일의 '옷 판매현황' 표를 오른쪽에 하나 더 복사해볼게요. 전체 표를 범위로 지정합니다. [B4] 셀부터 [E9] 셀까지 마우스로 드래그하면 됩니다. [홈] 탭 - [클립보드] 그룹 - [복사]를 클릭합니다. 표가 복사되었다는 의미로 복사한 범위에 점선 테두리가 생겼네요.

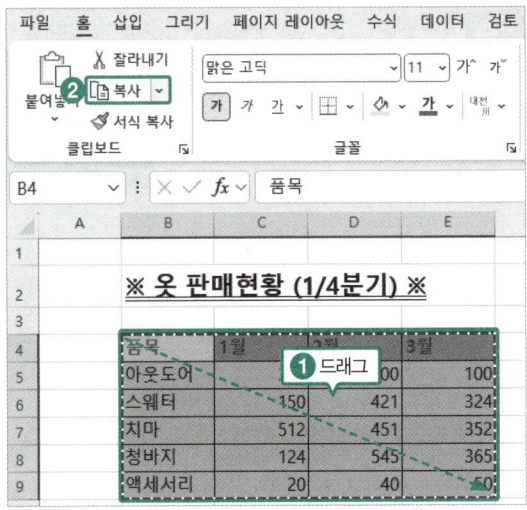

복사한 표를 [G4] 셀에 붙여 넣어보겠습니다. [G4] 셀을 클릭한 후 마우스 오른쪽 버튼을 누르면 단축 메뉴가 나옵니다. 단축 메뉴에서 [붙여넣기 옵션] 중 [붙여넣기]를 클릭하면 복사한 표를 붙여 넣을 수 있습니다.

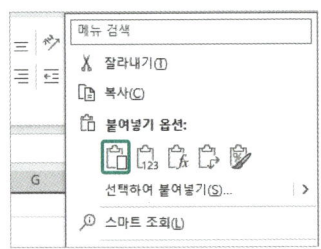

TIP [붙여넣기] 명령은 [홈] 탭 – [클립보드] 그룹 – [붙여넣기]에서도 실행할 수 있어요.

다음 실습을 위해서 방금 복사-붙여넣기 한 표를 삭제하겠습니다. 화면 좌측 상단에 있는 [실행 취소]를 클릭합니다. 오른쪽에 붙여 넣었던 표가 사라졌습니다. Esc를 눌러서 점선으로 표시된 선택 영역을 해제합니다.

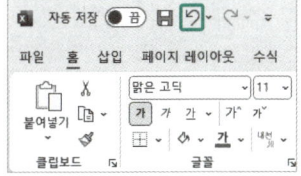

잘라내기 기능 익히기

복사-붙여넣기가 선택한 영역을 하나 더 만드는 기능이라면, 잘라내기는 선택한 영역을 원래 위치에서 다른 위치로 이동시키는 기능입니다. 이번에는 표를 잘라내서 다른 곳으로 이동시켜보겠습니다.

전체 표를 범위로 지정합니다. [B4] 셀부터 [E9] 셀까지 마우스로 드래그하면 됩니다. [홈] 탭 – [클립보드] 그룹 – [잘라내기]를 클릭합니다. 이번에도 잘라낼 범위에 점선 테두리가 생겼네요.

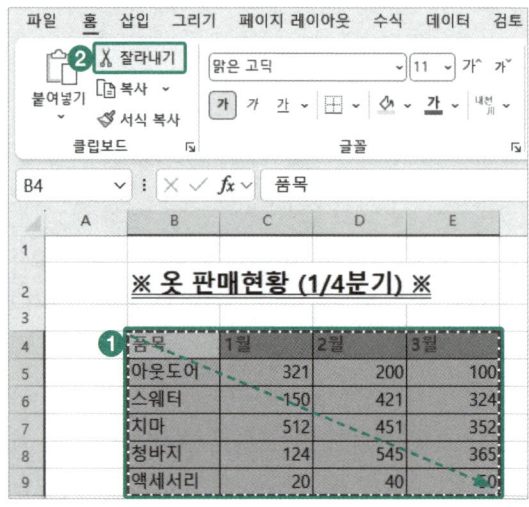

표를 잘라내서 옮길 위치인 [G4] 셀을 클릭한 후 마우스 오른쪽 버튼을 누릅니다. 단축 메뉴에서 [붙여넣기]를 클릭하면 표가 이동합니다.

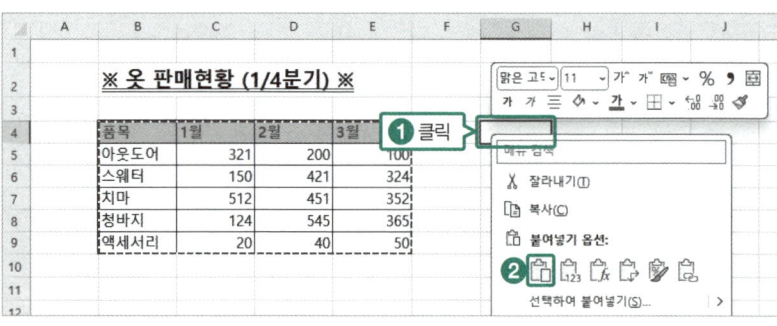

복사, 붙여넣기, 잘라내기 단축키 익히기

복사, 붙여넣기, 잘라내기 기능은 많이 사용하므로 단축키를 익혀두면 편리합니다.

복사는 복사할 범위를 마우스로 드래그해서 지정하고 Ctrl + C 를 누르면 됩니다. 붙여넣기는 붙여 넣을 셀 위치를 클릭한 후 Ctrl + V 를 누르면 됩니다.

잘라내기는 잘라낼 범위를 마우스로 드래그해서 지정하고 Ctrl + X 를 누릅니다. 잘라낸 영역을 다른 셀 위치로 붙여 넣을 때는 이동할 셀 위치를 클릭하고 Ctrl + V 를 누르면 됩니다.

- **복사** : Ctrl + C
- **붙여넣기** : Ctrl + V
- **잘라내기** : Ctrl + X

TIP 범위를 마우스로 드래그해서 지정한 후 표 테두리에 마우스 포인터를 올려보면 마우스 포인터 모양이 바뀌는 걸 알 수 있습니다. 이때 마우스 왼쪽 버튼을 클릭한 채로 드래그하면 선택 영역이 이동합니다. 마우스 드래그만으로 선택 영역이 이동한 것입니다. Ctrl 을 누른 채로 드래그하면 선택 영역을 복사할 수도 있습니다.

품목	1월	2월	3월
아웃도어	321	200	100
스웨터	150	421	324
치마	512	451	352
청바지	124	545	365
액세서리	20	40	50

※ 옷 판매현황 (1/4분기) ※

정리해볼까요?

- 선택한 영역을 복사하려면 [홈] 탭 – [클립보드] 그룹 – [복사 📋]를 클릭합니다. 복사하기 단축키는 Ctrl + C 입니다.
- 선택한 영역을 잘라내려면 [홈] 탭 – [클립보드] 그룹 – [잘라내기 ✂]를 클릭합니다. 잘라내기 단축키는 Ctrl + X 입니다.
- 선택한 영역을 복사하거나 잘라낸 후 붙여 넣으려면, 이동할 위치를 선택하고 [홈] 탭 – [클립보드] 그룹 – [붙여넣기 📋]를 클릭합니다. 붙여넣기 단축키는 Ctrl + V 입니다.

단어나 서식을
한 번에 바꿔보자

 **시작해볼까요?** 　　　　　　　　　　실습 파일 3장/02_찾기 및 바꾸기.xlsx

찾기 및 바꾸기 기능을 사용하면 특정 단어를 다른 단어로 한 번에 바꿀 수 있습니다. 이 기능을 사용하면 단어뿐만 아니라 배경색, 글꼴 모양 등의 서식도 한 번에 변경할 수 있어요. 찾기 및 바꾸기 기능을 익혀봅시다.

특정 단어를 찾아서 한 번에 변경하기

실습 파일을 열어보겠습니다. [분류] 열에 있는 '바지'를 '팬츠'로 바꿔볼까요? 그런데 '바지'가 적힌 셀이 생각보다 많군요. 하나씩 찾아서 바꾸기에는 번거로우니 바꾸기 기능을 활용해서 한 번에 바꿔보겠습니다.

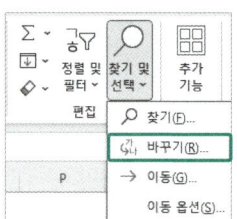
[바꾸기] 명령은 [홈] 탭 - [편집] 그룹 - [찾기 및 선택]에 있습니다. 실습에서는 빠른 작업을 위해 단축키를 사용해보겠습니다.

먼저 '바지'를 찾아야 하는 [분류] 열을 선택하세요. [E4] 셀부터 [E67] 셀까지 마우스로 드래그하면 됩니다. 그런 다음 단축키 Ctrl+H를 누르면 [찾기 및 바꾸기] 대화상자가 표시되고, [바꾸기] 탭이 바로 보입니다.

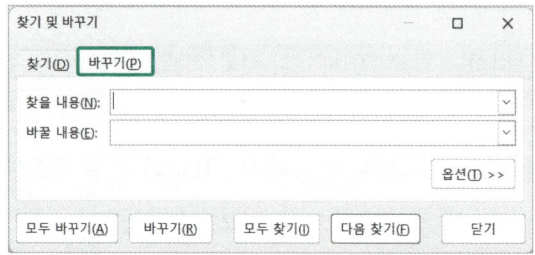

> **TIP** [분류] 열을 선택할 때는 [E4] 셀을 클릭한 후 Ctrl+Shift+아래쪽 방향키↓를 눌러도 됩니다.

> **TIP** [분류] 열을 범위로 지정하는 이유는 [D14] 셀처럼 다른 열에 적혀 있는 '바지'를 변경하지 않기 위함입니다.

[찾기 및 바꾸기] 대화상자에 찾을 내용과 바꿀 내용을 입력해볼게요. '바지'를 찾아서 '팬츠'로 바꾸고 싶으니까 [찾을 내용]에 **바지**라고 입력한 후 [바꿀 내용]에 **팬츠**라고 입력합니다. [모두 바꾸기]를 클릭합니다.

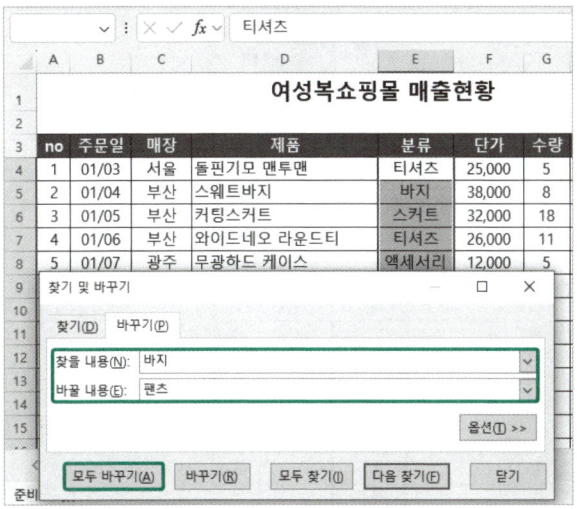

> **TIP** 내용을 변경하지 않고 내용의 위치만 확인하고 싶다면, [찾기 및 바꾸기] 대화상자에서 [찾기] 탭을 이용하세요.

14개 항목이 바뀌었다는 창이 표시되면 [확인]을 클릭합니다. [찾기 및 바꾸기] 대화상자에서도 [닫기]를 클릭합니다. [분류] 열에 있는 '바지'가 전부 '팬츠'로 바뀌었습니다.

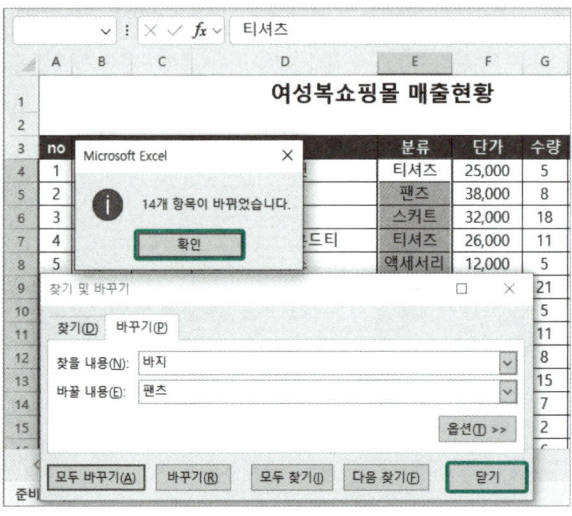

서식 한 번에 바꾸기

[찾기 및 바꾸기] 대화상자에서 유용하게 활용할 수 있는 기능이 하나 더 있어요. 바로 서식을 일괄로 변경하는 기능입니다. 서식이란 글씨의 글꼴, 굵기, 크기 등을 말해요.

이번에는 [분류] 열에 '팬츠'가 입력된 셀에 배경색을 적용해볼게요. [분류] 열인 [E4] 셀부터 [E67] 셀까지 범위를 지정한 후 단축키 Ctrl + H 를 누르세요. [찾기 및 바꾸기] 대화상자에서 [찾을 내용]에 **팬츠**를 입력하고, [바꿀 내용]에 있는 '팬츠'는 삭제합니다. 그리고 [옵션]을 클릭합니다.

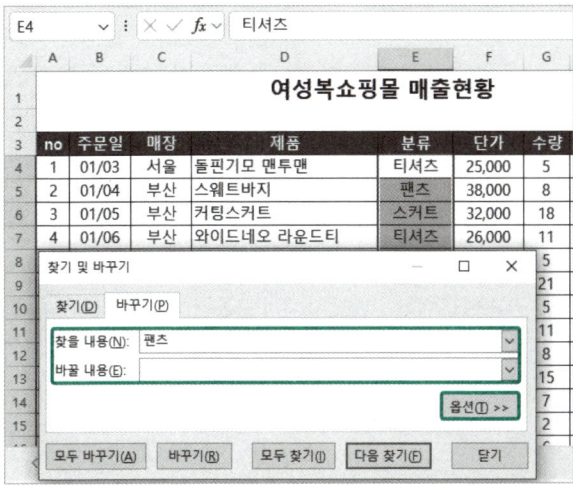

[바꿀 내용]의 오른쪽에 있는 [서식]을 클릭합니다.

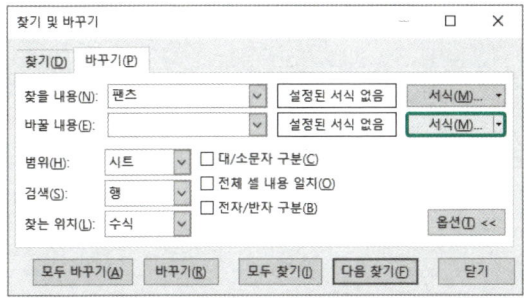

3장 편집과 인쇄로 작업 실력 키우기 **099**

[서식 바꾸기] 대화상자가 표시되는데, 여기에서 [채우기] 탭을 클릭하고 [배경색]에서 원하는 색을 클릭하면 됩니다.

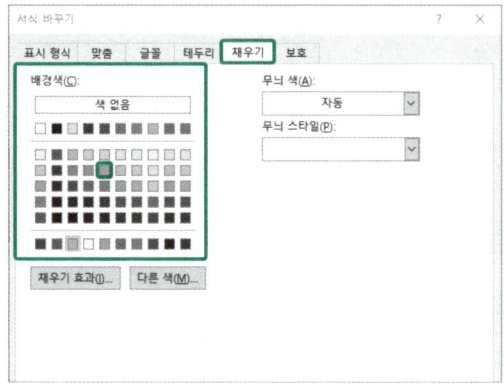

글꼴도 변경해볼까요? [글꼴] 탭을 클릭하고 [글꼴 스타일] 목록에서 [굵게]를 클릭한 후 [확인]을 클릭합니다.

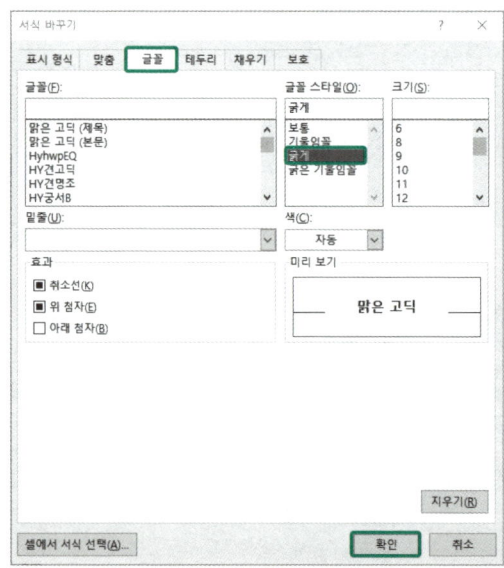

이제 [찾기 및 바꾸기] 대화상자에서 [모두 바꾸기]를 클릭합니다. 14개 항목이 바뀌었다고 표시되면 [확인]을 클릭합니다. [찾기 및 바꾸기] 대화상자도 [닫기]를 클릭합니다.

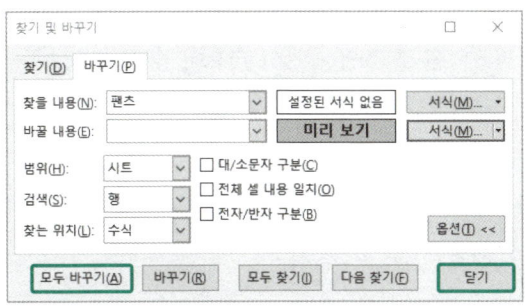

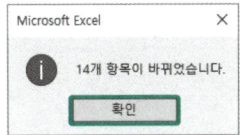

'팬츠'가 입력된 셀에 배경색이 표시되고 글꼴이 굵게 바뀐 것을 확인할 수 있습니다.

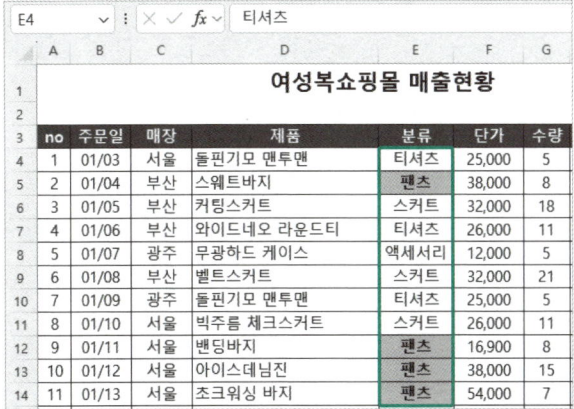

 **정리해볼까요?**

- 찾기 및 바꾸기 기능을 사용하면, 단어나 서식을 찾아서 원하는 내용으로 한 번에 변경할 수 있습니다.
- [홈] 탭 – [편집] 그룹 – [찾기 및 선택]을 클릭하면 [찾기]와 [바꾸기] 명령을 찾을 수 있습니다.
- [바꾸기] 명령의 단축키는 Ctrl + H 입니다.

빈 셀만 선택해서
데이터를 채워보자

 **시작해볼까요?** 　　　　　　　　실습 파일 3장/03_빈 셀만 선택하기.xlsx

표에서 빈 셀만 찾아 입력해야 하는 경우가 있습니다. 빈 셀을 일일이 클릭하여 입력하는 것은 번거롭고 많은 시간이 소요됩니다. 빈 셀만 찾아 한 번에 데이터를 입력하는 방법을 알아봅시다.

이동 옵션으로 빈 셀 선택하기

실습 파일에서 [할인율] 열에 있는 빈 셀에 '0%'를 입력해볼까요? 먼저 [할인율] 열을 선택합니다. [H4] 셀부터 [H67] 셀까지 드래그하면 됩니다.

no	주문일	매장	제품	분류	단가	수량	할인율	매출
			여성복쇼핑몰 매출현황					
1	01/03	서울	돌핀기모 맨투맨	티셔츠	25,000	5		125,000
2	01/04	부산	스웨트바지	바지	38,000	8	3%	294,880
3	01/05	부산	커팅스커트	스커트	32,000	18		576,000
4	01/06	부산	와이드넥 라운드티	티셔츠	26,000	11		286,000
5	01/07	광주	무광하드 케이스	액세서리	12,000	5		60,000
6	01/08	부산	벨트스커트	스커트	32,000	21	5%	드래그
7	01/09	광주	돌핀기모 맨투맨	티셔츠	25,000	5	5%	118,750
8	01/10	서울	빅주름 체크스커트	스커트	26,000	11	5%	271,700
9	01/11	서울	밴딩바지	바지	16,900	8	5%	128,440

3장 편집과 인쇄로 작업 실력 키우기　**103**

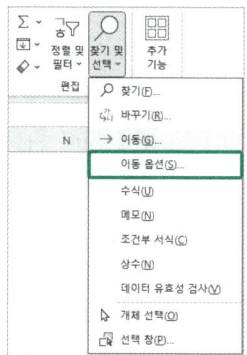

[홈] 탭 – [편집] 그룹 – [찾기 및 선택]을 클릭하고 [이동 옵션]을 클릭합니다.

[이동 옵션] 대화상자가 표시되면 [빈 셀]을 클릭하고 [확인]을 클릭합니다.

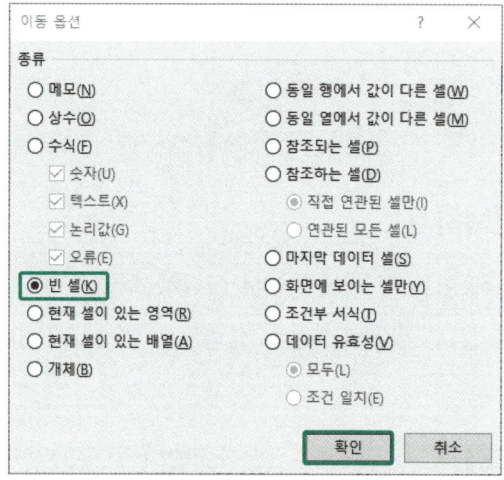

선택한 범위에 있는 빈 셀이 모두 선택되었습니다.

지정한 셀에 서식을 지정하고 배경색 채우기

빈 셀이 선택된 상태에서 **0**을 입력하고 Ctrl + Enter 를 누르면 빈 셀에 모두 '0'이 입력됩니다.

3장 편집과 인쇄로 작업 실력 키우기 **105**

이어서 '%' 단위를 추가할게요. 범위가 지정된 상태에서 [홈] 탭 - [표시 형식] 그룹 - [백분율 스타일%]을 클릭합니다. 지정된 범위에 '%' 단위가 추가되었습니다.

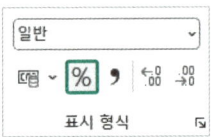

	A	B	C	D	E	F	G	H	I
1				여성복쇼핑몰 매출현황					
2									
3	no	주문일	매장	제품	분류	단가	수량	할인율	매출
4	1	01/03	서울	돌핀기모 맨투맨	티셔츠	25,000	5	0%	125,000
5	2	01/04	부산	스웨트바지	바지	38,000	8	3%	294,880
6	3	01/05	부산	커팅스커트	스커트	32,000	18	0%	576,000
7	4	01/06	부산	와이드네오 라운드티	티셔츠	26,000	11	0%	286,000
8	5	01/07	광주	무광하드 케이스	액세서리	12,000	5	0%	60,000
9	6	01/08	부산	벨트스커트	스커트	32,000	21	5%	638,400
10	7	01/09	광주	돌핀기모 맨투맨	티셔츠	25,000	5	5%	118,750
11	8	01/10	서울	빅주름 체크스커트	스커트	26,000	11	5%	271,700
12	9	01/11	서울	밴딩바지	바지	16,900	8	5%	128,440
13	10	01/12	서울	아이스데님진	바지	38,000	15	0%	570,000
14	11	01/13	서울	초크워싱 바지	바지	54,000	7	0%	378,000
15	12	01/14	서울	미니퍼프 원피스	드레스	78,000	2	0%	156,000
16	13	01/15	서울	사선랩 미니스커트	스커트	40,000	6	0%	240,000
17	14	01/16	서울	데일리파워업 티셔츠	티셔츠	20,000	13	0%	260,000
18	15	01/17	광주	미디 랩스커트	스커트	28,000	3	3%	81,480

이번에는 현재 지정된 범위에 배경색을 채워볼게요. 범위가 계속 지정된 상태에서 [홈] 탭 - [글꼴] 그룹 - [채우기 색🎨]을 클릭합니다. 노란색의 배경색이 채워졌습니다.

여성복쇼핑몰 매출현황

no	주문일	매장	제품	분류	단가	수량	할인율	매출
1	01/03	서울	돌핀기모 맨투맨	티셔츠	25,000	5	0%	125,000
2	01/04	부산	스웨트바지	바지	38,000	8	3%	294,880
3	01/05	부산	커팅스커트	스커트	32,000	18	0%	576,000
4	01/06	부산	와이드네오 라운드티	티셔츠	26,000	11	0%	286,000
5	01/07	광주	무광하드 케이스	액세서리	12,000	5	0%	60,000
6	01/08	부산	벨트스커트	스커트	32,000	21	5%	638,400
7	01/09	광주	돌핀기모 맨투맨	티셔츠	25,000	5	5%	118,750
8	01/10	서울	빅주름 체크스커트	스커트	26,000	11	5%	271,700
9	01/11	서울	밴딩바지	바지	16,900	8	5%	128,440
10	01/12	서울	아이스데님진	바지	38,000	15	0%	570,000
11	01/13	서울	초크워싱 바지	바지	54,000	7	0%	378,000
12	01/14	서울	미니퍼프 원피스	드레스	78,000	2	0%	156,000
13	01/15	서울	사선랩 미니스커트	스커트	40,000	6	0%	240,000
14	01/16	서울	데일리파워업 티셔즈	티셔츠	20,000	13	0%	260,000
15	01/17	광주	미디 랩스커트	스커트	28,000	3	3%	81,480

정리해볼까요?

- 선택한 범위에서 빈 셀만 지정하고 싶다면 [홈] 탭 – [편집] 그룹 – [찾기 및 선택]을 클릭하고 [이동 옵션]을 클릭합니다. [이동 옵션] 대화상자가 표시되면 [빈 셀]을 클릭합니다.

- 빈 셀이 선택된 상태에서 내용을 입력하고 Ctrl + Enter 를 누르면, 입력한 내용이 빈 셀에 모두 채워집니다.

머리글을 고정하여
내용 쉽게 확인하기

 **시작해볼까요?**

실습 파일 3장/04_틀 고정.xlsx

표에 내용이 많을 때 마우스로 드래그하면 제목 행이나 머리글이 보이지 않아 내용이 헷갈리는 경우가 있습니다. 특정 행이나 열을 고정하여 마우스를 드래그해도 계속 보이게 하는 방법을 알아봅시다.

행 고정하기

실습 파일의 표를 보면 첫 행에 '번호', '주문일', '주문번호'와 같은 머리글이 표시되어 있습니다. 표를 아래로 스크롤하면 머리글이 사라지면서 '주문자'와 '입금자'를 구분하기 어려워집니다. 제목 행과 머리글을 고정하여 스크롤을 해도 항상 보이도록 설정해봅시다.

쇼핑몰 주문서						
번호	주문일	주문번호	상품명	주소	주문자	입금자
1	2017-07-17	20170717-00035	마스크팩	강동구 천호동	이성원	이성원
2	2017-07-18	20170717-00036	세럼	중랑구 면목동	유재식	유재식
3	2017-07-19	20170717-00037	밤	종로구 낙원동	박명순	박명순
4	2017-07-20	20170717-00038	마스크팩	강남구 압구정동	정준희	정준희
5	2017-07-21	20170717-00039	립스틱	용산구 갈월동	전현모	전현모

17	2017-08-02	20170717-00051	마스크팩	서울시 강남구 신사동	이성원	이성원
18	2017-08-03	20170717-00052	세럼	서울시 강남구 개포동	유재식	유재식
19	2017-08-04	20170717-00053	밤	강동구 천호동	박명순	박명순
20	2017-08-05	20170717-00054	마스크팩	중랑구 면목동	정준희	정준희
21	2017-08-06	20170717-00055	립스틱	종로구 낙원동	전현모	전현모
22	2017-08-07	20170717-00056	크림	강남구 압구정동	지성진	지성진

▲ 마우스를 스크롤했을 때 머리글이 보이지 않는 모습

먼저 머리글 바로 아래 행인 [3행]의 머리를 클릭합니다. [보기] 탭 – [창] 그룹 – [틀 고정🖼]을 클릭한 후 [틀 고정]을 클릭합니다.

TIP 머리글을 고정할 때는 고정하는 머리글을 클릭하는 게 아니라 바로 아래에 있는 행을 클릭해야 합니다. 여기서는 [3행]의 머리를 클릭하거나 [3행]에 있는 아무 셀이나 클릭하면 됩니다.

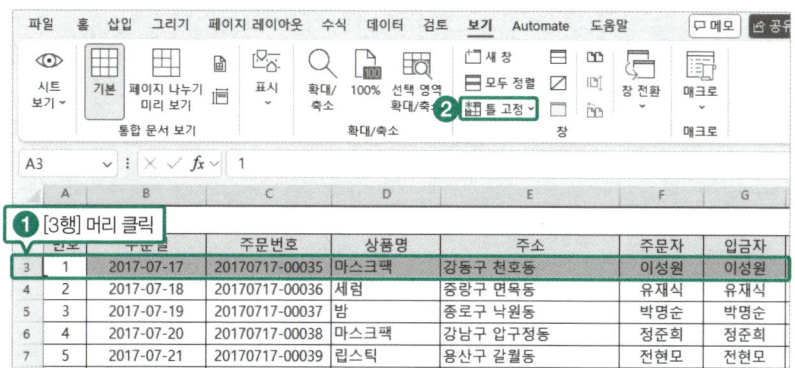

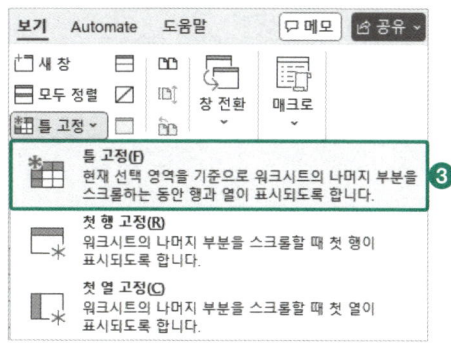

그러면 제목 행과 머리글이 고정됩니다. 아래로 스크롤을 내려도 표시된 이름이 주문자인지 입금자인지 헷갈리지 않게 되었네요.

	A	B	C	D	E	F	G
1	쇼핑몰 주문서						
2	번호	주문일	주문번호	상품명	주소	주문자	입금자
33	31	2017-08-16	20170717-00065	오일	서울시 강남구 일원동	김용민	김용민
34	32	2017-08-17	20170717-00066	클렌징	서울시 강남구 신사동	이광순	이광순
35	33	2017-08-18	20170717-00067	마스크팩	서울시 강남구 학동로3	이성원	이성원
36	34	2017-08-19	20170717-00068	세럼	서울시 강남구 논현로1	유재식	유재식
37	35	2017-08-20	20170717-00069	밤	서울시 강남구 신사동	박명순	박명순
38	36	2017-08-21	20170717-00070	마스크팩	서울시 강남구 개포동	정준희	정준희
39							
40							

다음 실습을 위해 틀 고정을 다시 풀게요. [보기] 탭 – [창] 그룹 – [틀 고정]을 클릭한 후 [틀 고정 취소]를 클릭합니다.

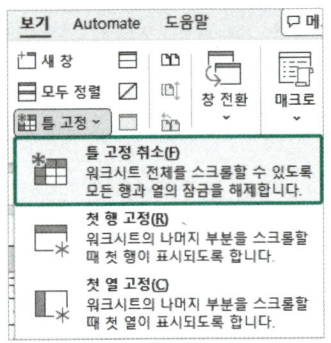

열 고정하기

이번에는 행이 아닌 열을 고정해보겠습니다. 표에서 마우스 포인터를 오른쪽으로 이동해도 [상품명] 열까지 고정되게 해보겠습니다. 고정할 열의 오른쪽 열인 [E열]의 머리를 클릭하세요. [보기] 탭 – [창] 그룹 – [틀 고정]을 클릭하고 [틀 고정]을 클릭합니다.

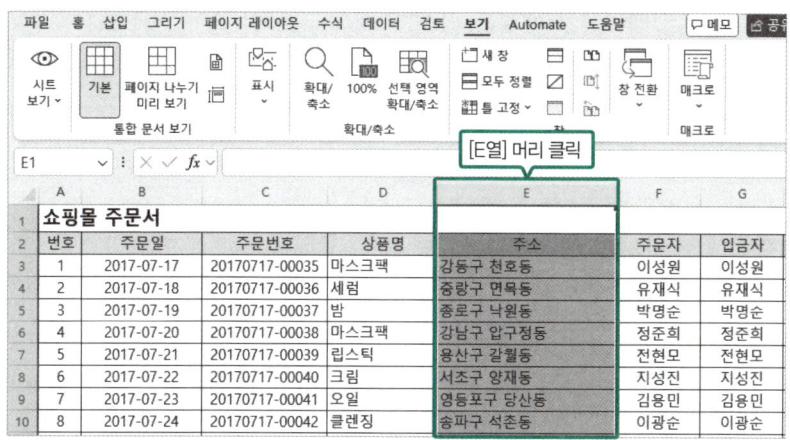

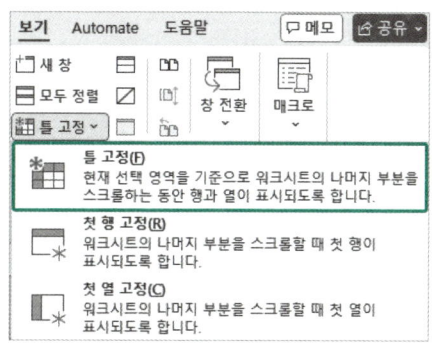

그러면 [상품명]까지 열이 고정됩니다. 표를 오른쪽으로 이동해도 고정한 열이 계속 보입니다.

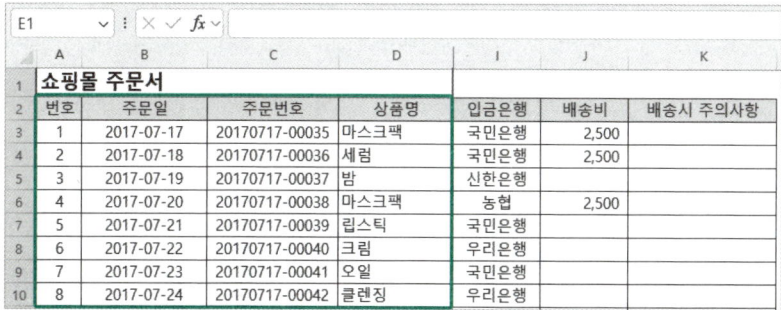

다음 실습을 위해 열 고정을 다시 풀게요. [보기] 탭 – [창] 그룹 – [틀 고정]에서 [틀 고정 취소]를 클릭합니다.

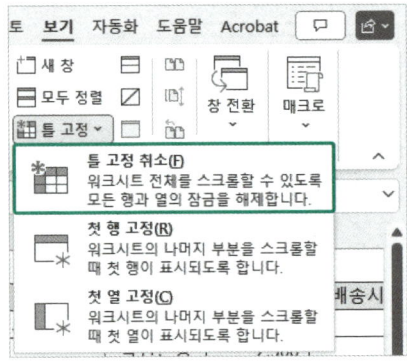

행과 열을 동시에 틀 고정하기

행과 열을 각각 고정하는 방법을 알아봤어요. 행과 열을 동시에 고정하는 것도 가능합니다. 고정하고 싶은 행의 아래쪽, 고정하고 싶은 열의 오른쪽에 해당하는 셀을 클릭하면 됩니다. 여기서는 [E3] 셀을 클릭합니다.

[보기] 탭 - [창] 그룹 - [틀 고정]을 클릭하고 [틀 고정]을 클릭합니다. [E3] 셀을 기준으로 행과 열이 모두 고정되었습니다. 아래쪽으로 이동해도 제목 행과 머리글이 표시되고 오른쪽으로 이동해도 [상품명] 열까지 표시됩니다.

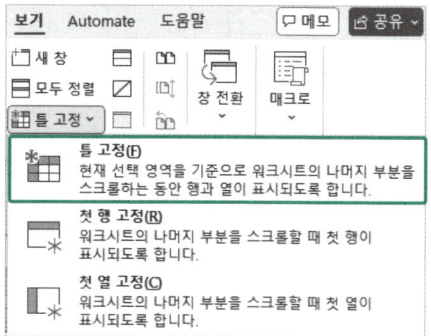

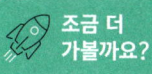 **조금 더 가볼까요?** **시트의 눈금선 표시하기**

실습 파일을 보면 표는 테두리가 있지만, 표 이외의 셀에는 눈금선이 보이지 않습니다. 작업의 편의를 위해 셀을 구분하는 눈금선을 표시해볼까요? [보기] 탭 - [표시] 그룹 - [눈금선]에 체크합니다.

TIP 입력된 데이터의 가독성을 높이기 위해, 데이터가 있는 부분을 제외한 배경의 눈금선을 제거하기도 합니다.

[눈금선]에 체크를 해제하면 다시 눈금선이 사라지는데, 눈금선 없이 데이터를 깔끔하게 보고 싶을 때 활용합니다.

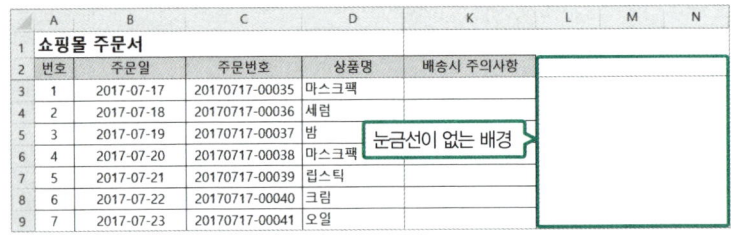

행과 열의 머리글도 화면에서 표시하지 않으려면, [보기] 탭 – [표시] 그룹 – [머리글]의 체크를 해제하면 됩니다.

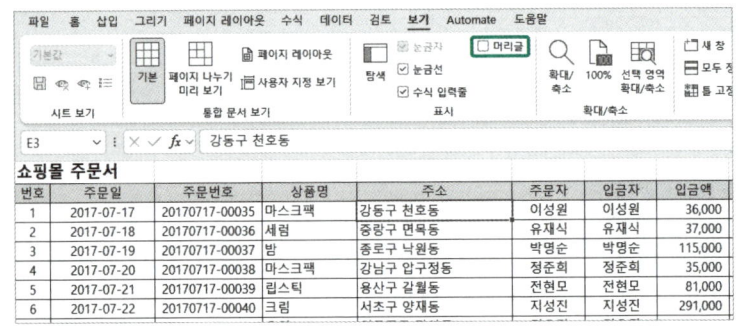

 **정리해볼까요?**

- 틀 고정 기능을 사용해 특정 행이나 열을 고정하면, 다른 셀로 이동해도 머리글을 계속 확인할 수 있습니다.
- [틀 고정] 명령은 [보기] 탭 – [창] 그룹에 있습니다.

시트를
편집해보자

 **시작해볼까요?**   실습 파일 3장/05_시트 관리.xlsx

하나의 통합 문서에는 여러 개의 시트를 만들 수 있었죠? 시트 이름을 변경하거나 복사하는 방법을 알아볼게요.

시트 이름 변경하기

시트는 엑셀의 통합 문서에 들어 있는 한 장의 페이지라고 볼 수 있습니다. 이 페이지는 여러 개를 만들 수도 있고, 삭제하거나 이름을 변경할 수도 있어요.

실습 파일을 살펴보면 현재의 시트 이름이 'Sheet1'입니다. 이 시트명을 더블클릭하면 블록이 설정되는데, 이 상태에서 바꾸고 싶은 시트명을 입력하면 됩니다. **상반기**를 입력하고 Enter 를 누르면 시트명이 변경됩니다.

시트 추가하고 삭제하기

현재 통합 문서에 새로운 시트를 추가해보겠습니다. 시트 탭에서 [새 시트 +]를 클릭합니다. [상반기] 시트 옆에 [Sheet1]이라는 새로운 시트가 만들어졌습니다.

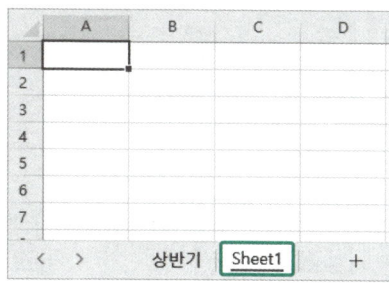

시트를 삭제할 때는 시트명 위에서 마우스 오른쪽 버튼을 클릭한 후 단축 메뉴에서 [삭제]를 클릭합니다. 해당 시트가 삭제됩니다.

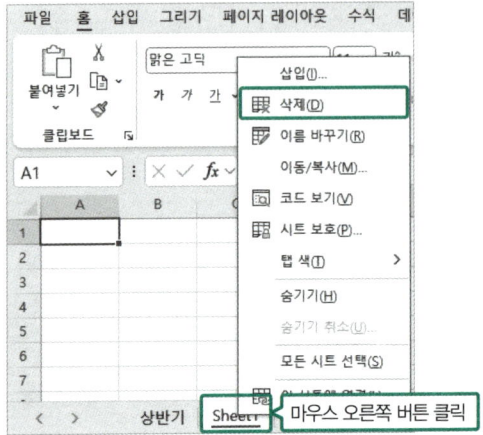

시트 복사하기

[상반기] 시트를 복사해서 [하반기] 시트를 만들어보겠습니다. [상반기] 시트명 위에서 마우스 오른쪽 버튼을 클릭한 후 단축 메뉴에서 [이동/복사]를 클릭합니다.

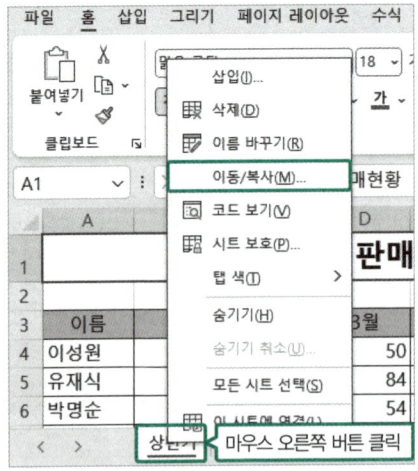

[이동/복사] 대화상자에서 [다음 시트의 앞에]는 복사본을 만들 위치를 선택하는 항목으로, [(끝으로 이동)]을 클릭합니다. [복사본 만들기]에 체크하고 [확인]을 클릭합니다. '상반기(2)'라는 이름으로 시트가 복사됩니다.

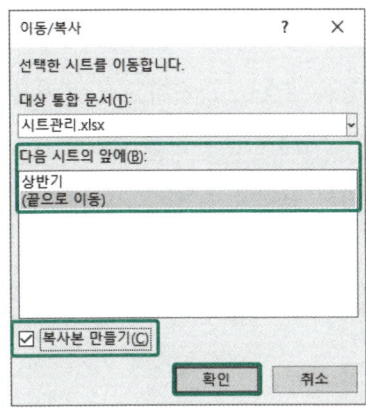

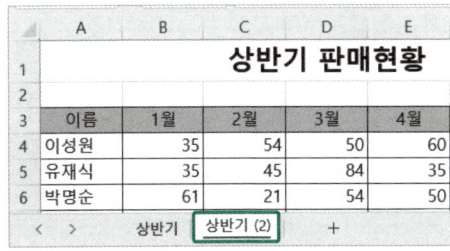

복사한 시트명을 더블클릭한 후 **하반기**를 입력합니다.

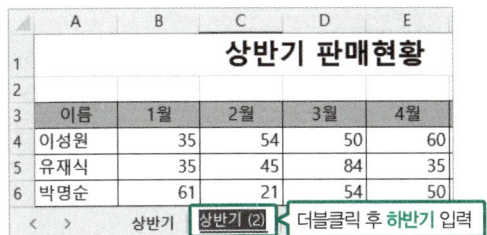

[하반기] 시트에서 제목을 '하반기 판매현황'으로 수정하고 1~6월을 7~12월로 수정합니다. 간편하게 하반기 판매현황 양식을 작성했습니다. 해당 양식에 하반기 판매현황 데이터를 입력할 수 있습니다.

정리해볼까요?

- 시트 탭에서 [새 시트 +]를 클릭하면 새 시트를 만들 수 있습니다.
- 시트명 위에서 마우스 오른쪽 버튼을 클릭한 후 [삭제]를 클릭하면 시트를 삭제할 수 있습니다.
- 시트탭을 더블클릭하면 시트명을 변경할 수 있습니다.

엑셀 파일을 인쇄하자

 **시작해볼까요?**   실습 파일 3장/06_인쇄.xlsx

작업을 완료한 엑셀 파일은 생각보다 인쇄하기가 어려울 수 있습니다. 출력해보면 표의 내용이 잘려있을 수도 있습니다. 엑셀 파일을 인쇄하는 방법을 알아봅시다.

인쇄 준비하기

인쇄 메뉴는 [파일] 탭 – [인쇄]에 있습니다. [인쇄] 메뉴를 살펴보면 좌측에는 인쇄 관련 설정 메뉴가 있고, 우측에는 인쇄될 내용을 미리 볼 수 있는 [인쇄 미리 보기] 영역이 표시됩니다.

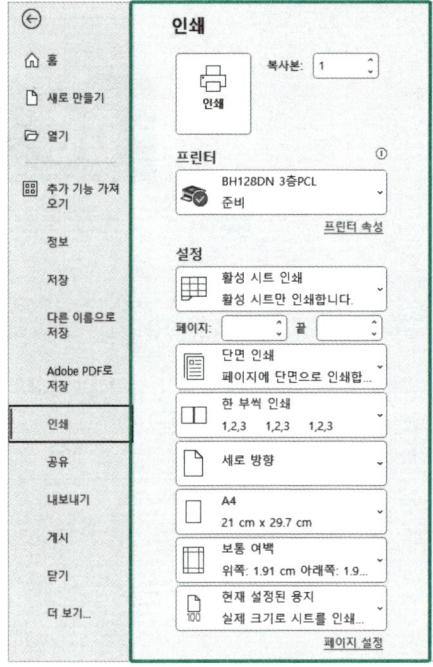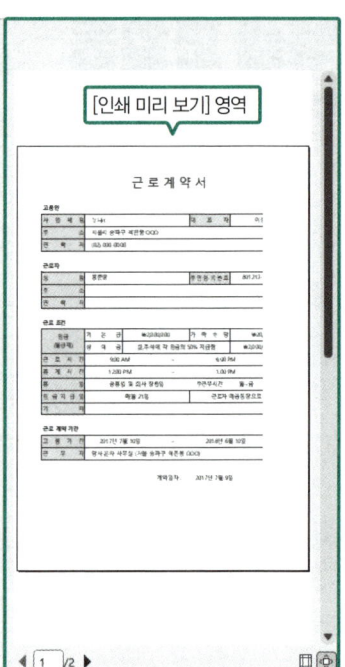

인쇄 내용 미리 확인하기

실습 파일인 근로계약서를 [파일] 탭 - [인쇄]에서 [인쇄 미리 보기]로 확인해볼까요? 하단에 총 두 페이지로 인쇄된다고 표시되어 있는데, 문서의 오른쪽 부분이 잘려서 두 페이지에 걸쳐 인쇄되네요. 근로계약서가 한 페이지에 인쇄될 수 있도록 설정해볼게요.

[이전 페이지] 화살표를 클릭해서 첫 페이지를 표시합니다. [설정]에서 [보통 여백]을 클릭한 후 여백 옵션을 확인합니다. 문서를 한 장에 인쇄하려면 여백을 줄이면 되겠죠? [좁게]를 클릭하면 여백이 줄어들면서 모든 내용이 문서 한 장에 표시됩니다.

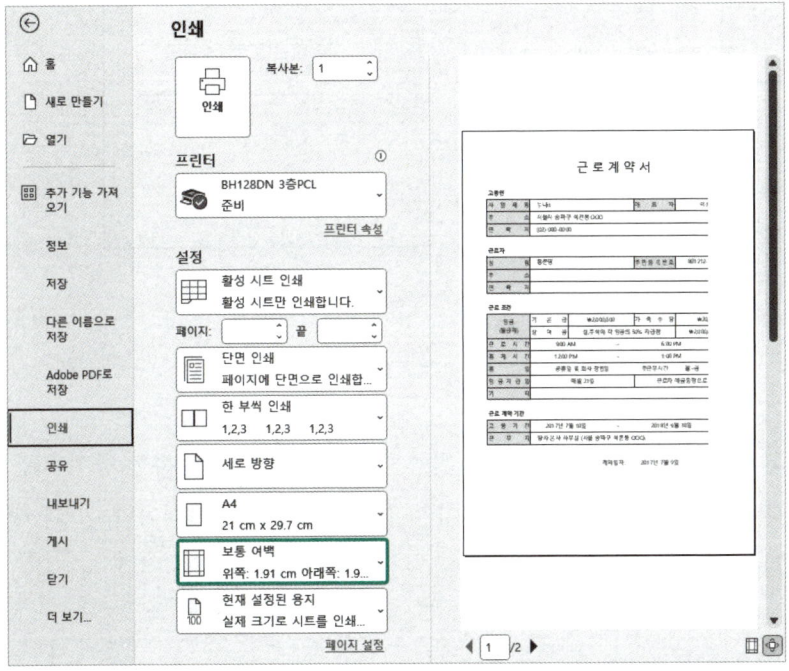

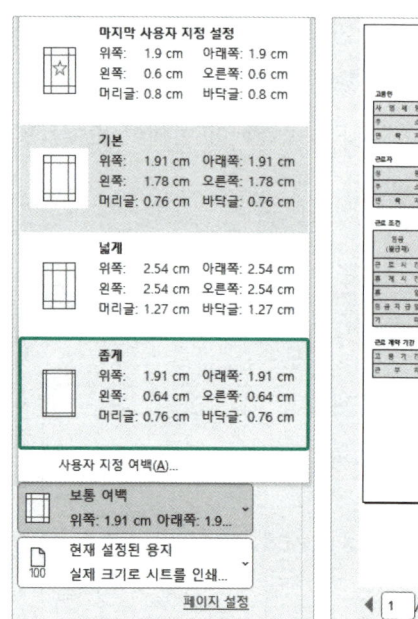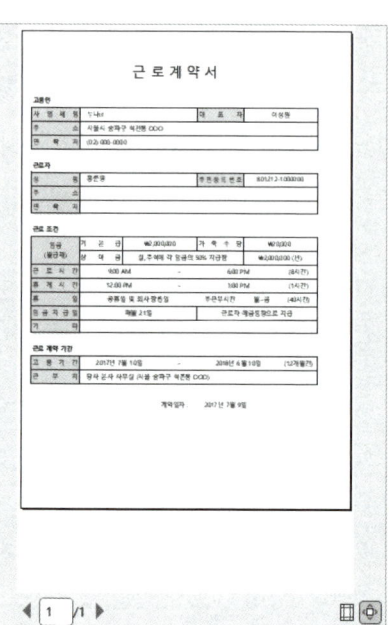

그런데 근로계약서가 용지의 왼쪽으로 치우쳤네요. 문서를 종이 가운데에 인쇄되게 해볼게요. [페이지 설정]을 클릭하여 [페이지 설정] 대화상자를 엽니다.

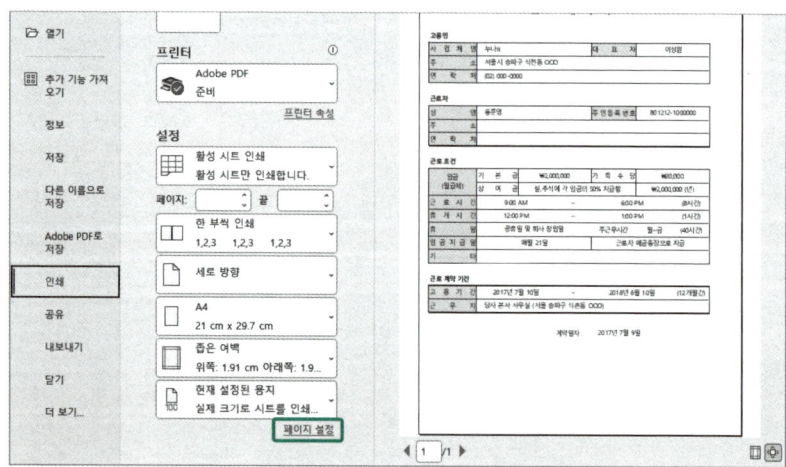

[페이지 설정] 대화상자에서 [여백] 탭을 클릭하면 하단에 [페이지 가운데 맞춤] 옵션이 있습니다. [가로]를 체크하고 [확인]을 클릭하면, 근로계약서가 용지 가운데에 표시됩니다.

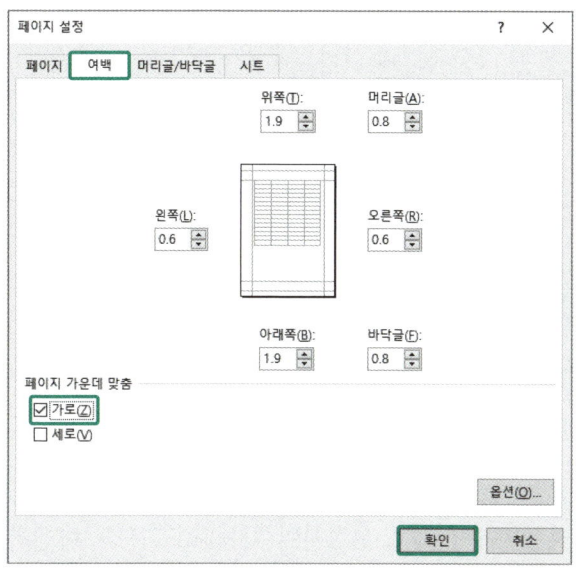

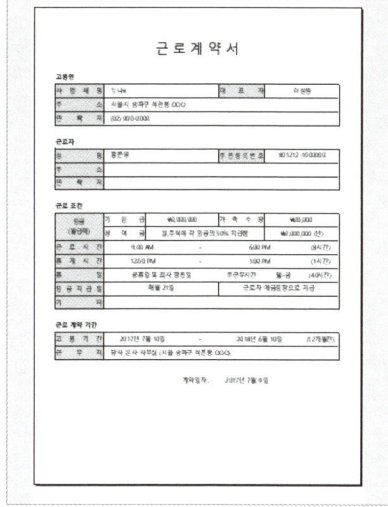

TIP [페이지 가운데 맞춤] 옵션에서 [세로]에 체크하면 문서의 인쇄 위치가 상하 가운데로 조정됩니다. 문서는 보통 상단을 기준으로 작성되므로 [세로] 옵션은 자주 사용하지 않습니다.

인쇄하기

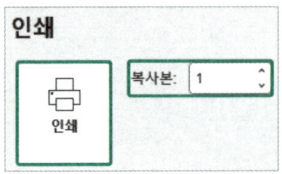

이제 문서를 인쇄하겠습니다. [복사본]에서 인쇄할 매수를 설정할 수 있습니다. [인쇄]를 클릭하면 연결된 프린터로 문서가 인쇄됩니다.

[페이지 레이아웃] 탭 - [페이지 설정] 그룹에서도 인쇄 관련 명령을 선택할 수 있습니다. [여백], [용지 방향] 등을 설정할 수 있네요.

현재 문서의 [용지 방향]은 [세로]로 설정되어 있는데 [가로]로 바꿔볼까요? [용지 방향]을 클릭한 후 [가로]를 클릭하세요. [파일] 탭 - [인쇄] - [인쇄 미리 보기]에서 용지가 가로 방향으로 바뀐 것을 확인할 수 있습니다.

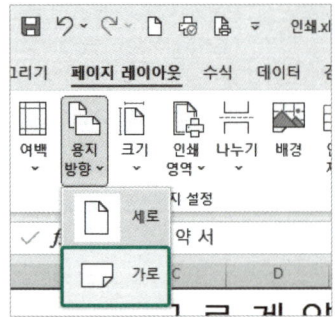

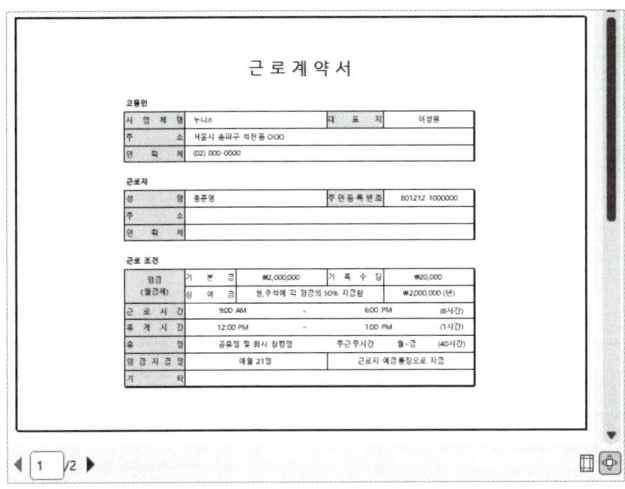

TIP 인쇄 용지의 종류는 [페이지 레이아웃] 탭 – [페이지 설정] 그룹 – [크기]를 클릭하여 변경할 수 있습니다. 기본 설정은 A4 크기로 되어 있습니다.

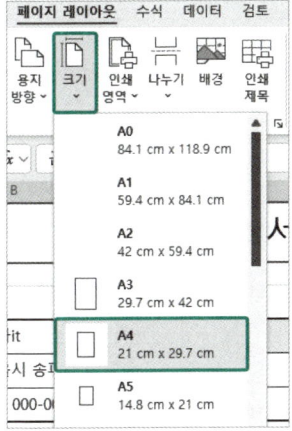

3장 편집과 인쇄로 작업 실력 키우기 **127**

 **정리해볼까요?**

- [인쇄 미리 보기]에서 문서가 인쇄될 모양을 확인하고 여백이나 종이 방향 등을 수정할 수 있습니다.
- 인쇄 관련 설정은 [파일] 탭 – [인쇄] 또는 [페이지 레이아웃] 탭 – [페이지 설정] 그룹에서 할 수 있습니다.

⌛ 1분만요! 누나IT의 1분 영상 강의

 누나IT 유튜브 채널에서 **<엑셀 인쇄 내 맘처럼 되지 않을 때>** 영상 강의를 시청하고 엑셀 기능을 복습해보세요.

QR 코드 인식이 어렵다면 유튜브 검색창에 누나아이티 엑셀 인쇄를 검색하세요.

4장

수식으로
빠르게 계산하기

엑셀의 꽃,
함수를 알아보자

 **시작해볼까요?**

엑셀에서 함수란 무엇인지, 기본 구조는 어떻게 되는지 알아보겠습니다. 앞으로 실습할 기초 함수도 함께 살펴봅시다.

함수 이해하기

'함수'라는 말을 들으면 조금 어려운 수학이나 복잡한 공식을 떠올릴 수 있어요. 하지만 엑셀에서의 함수는 우리가 흔히 아는 수학의 함수 개념과 조금 다릅니다. 엑셀에서 함수는 계산을 더 쉽고 빠르게 도와주는 도구라고 생각하면 됩니다.

여러 숫자를 더하거나 평균을 구하는 것부터 좀 더 복잡한 계산까지, 함수를 사용하면 수식만 입력하면 됩니다. 함수를 활용하면 데이터를 쉽게 분석할 수 있고, 실수 없이 빠르게 결과를 얻을 수 있어요.

함수의 기본 구조 이해하기

함수는 세 부분으로 이루어져 있습니다.

= SUM (A1 : A10)
　등호　함수　　입력값

→ [A1] 셀부터 [A10] 셀까지 합계를 구한다.

1. =(등호) : 함수를 입력할 때는 '=(등호)'를 먼저 입력합니다.
2. 함수 : 어떤 계산을 수행할지 알려줍니다.
3. 입력값 : 함수가 계산할 값이나 범위입니다. 입력값은 괄호로 묶어줍니다.

함수 종류 알아보기

엑셀에서 사용할 수 있는 함수는 약 500개 이상입니다. 정말 많죠? 일반적으로 많이 사용하는 함수는 약 20~30개이지만, 초보자라면 5~10개만 알아도 충분합니다. 앞으로 배울 함수를 간단히 살펴보고 눈에 익혀보세요. 어떤 함수인지 몰라도, 감이 오지 않아도 괜찮습니다.

- SUM : 합계를 구함
- AVERAGE : 평균값을 구함
- COUNT : 숫자가 포함된 셀의 개수를 셈
- COUNTA : 숫자 또는 문자가 포함된 셀의 개수를 셈
- COUNTBLANK : 빈 셀의 개수를 셈
- IF : 특정 조건에 따라 다른 결과를 보여줌

자동 합계 기능을 알아보자

 **시작해볼까요?**

실습 파일 4장/02_자동 합계.xlsx

자동 합계 기능은 몇 번의 클릭만으로 합계를 자동으로 구해줍니다. 이 기능은 합계를 구하는 SUM 함수를 사용하여 간편하게 계산을 도와줍니다. 자동 합계 기능을 함께 알아봅시다.

자동 합계 기능 익히기

실습 파일을 열어봅시다. 상반기 판매현황에서 인원별, 월별 합계를 모두 구해보겠습니다.

	이름	1월	2월	3월	4월	5월	6월	합계
4	이성원	35	54	50	60	84	35	
5	유재식	35	45	84	35	12	65	
6	박명순	61	21	54	50	64	80	
7	정준희	51	55	38	60	80	62	
8	지성진	25	90	45	35	10	50	
9	이광순	60	40	85	45	30	75	
10	송지희	20	60	45	85	35	15	
11	김용민	32	52	40	80	65	45	
12	합계							

합계를 구할 때는 SUM 함수를 사용합니다. 자동 합계 기능은 클릭만 하면 SUM 함수를 사용해 자동으로 합계를 구해줍니다. 자동 합계 기능을 적용할 때는 다음의 3단계를 따라 하세요.

첫째, 답을 표시할 셀을 클릭하세요. 표에서는 [H4] 셀을 클릭합니다.

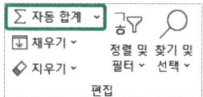

둘째, [홈] 탭 – [편집] 그룹 – [자동 합계∑]를 클릭하세요.

[H4] 셀에 =SUM(B4:G4)가 자동으로 입력되고, [B4] 셀부터 [G4] 셀까지 점선 박스가 생깁니다.

셋째, Enter 를 누릅니다.

[H4] 셀에 '이성원'의 상반기 판매현황 합계가 자동으로 구해졌습니다.

	A	B	C	D	E	F	G	H	I	J
1				상반기 판매현황						
2										
3	이름	1월	2월	3월	4월	5월	6월	합계		
4	이성원	35	54	50	60	84	35	318		
5	유재식	35	45	84	35	12	65			
6	박명순	61	21	54	50	64	80			

채우기 핸들로 1초 만에 합계 구하기

채우기 핸들은 정해진 패턴에 따라 셀 값을 자동으로 채워주는 기능이었죠? [H4] 셀에 SUM 함수가 입력되었으므로, [H4] 셀의 채우기 핸들을 이용하면 나머지 셀도 SUM 함수를 간편하게 적용할 수 있습니다.

🔍 채우기 핸들 사용법 익히기 064쪽

[H4] 셀의 채우기 핸들을 [H11] 셀까지 드래그하면, 나머지 셀도 자동으로 합계가 구해집니다.

H4		✓	fx	=SUM(B4:G4)					
	A	B	C	D	E	F	G	H	I
1				상반기 판매현황					
2									
3	이름	1월	2월	3월	4월	5월	6월	합계	
4	이성원	35	54	50	60	84	35	318	
5	유재식	35	45	84	35	12	65	276	← 채우기 핸들 드래그
6	박명순	61	21	54	50	64	80	330	
7	정준희	51	55	38	60	80	62	346	
8	지성진	25	90	45	35	10	50	255	
9	이광순	60	40	85	45	30	75	335	
10	송지희	20	60	45	85	35	15	260	
11	김용민	32	52	40	80	65	45	314	
12	합계								

TIP [H4] 셀의 채우기 핸들을 더블클릭해도 나머지 셀들의 합계가 채워집니다.

자동 합계로 열 방향 합계 구하기

표의 행 방향으로 자동 합계를 구해봤습니다. 이번에는 열 방향으로 자동 합계를 구해보겠습니다. 자동 합계 3단계 사용법을 다시 적용해 볼까요?

먼저 합계를 구할 셀인 [B12] 셀을 클릭하고, [홈] 탭 – [편집] 그룹 – [자동 합계∑]를 클릭합니다. [B12] 셀에 **=SUM(B4:B11)** 이 자동으로 입력됩니다. Enter 를 누르면 합계가 구해집니다.

채우기 핸들을 이용하여 나머지 월별 합계와 전체 합계도 구해볼게요. [B12] 셀의 채우기 핸들을 [H12] 셀까지 드래그하세요. 모든 합계가 구해졌습니다.

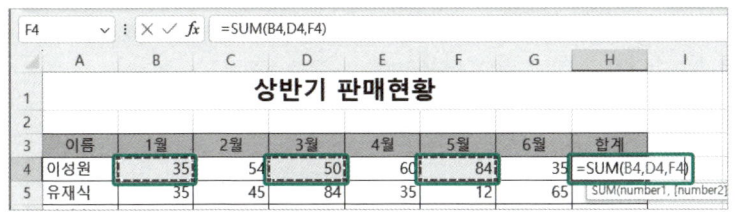

 **떨어져 있는 셀의 합계 구하기**

상반기 판매현황 중 1월, 3월, 5월만 합계를 구하려면 어떻게 해야 할까요? 다음과 같이 수식을 만들어볼게요. [H4] 셀에서 [자동 합계 Σ]를 클릭하고 1월 판매현황이 입력된 [B4] 셀을 클릭합니다. 그다음에는 Ctrl을 누른 상태에서 3월 판매현황이 입력된 [D4] 셀과 5월 판매현황이 입력된 [F4] 셀을 클릭합니다. Enter를 누르면 1월, 3월, 5월의 판매현황 합계가 구해집니다.

=SUM(B4,D4,F4)

4장 수식으로 빠르게 계산하기 **137**

 **정리해볼까요?**

- [자동 합계] 명령을 사용하면 함수를 직접 입력하지 않고도 행과 열 방향의 합계를 각각 구할 수 있습니다.

⏳ 1분만요! 누나IT의 1분 영상 강의

 누나IT 유튜브 채널에서 **<0.1초 만에 합계 구하기>** 영상 강의를 시청하고 엑셀 기능을 복습해보세요.

QR 코드 인식이 어렵다면 유튜브 검색창에 누나아이티 0.1초를 검색하세요.

⏳ 3분만요! 누나IT의 3분 영상 강의

 누나IT 유튜브 채널에서 **<제일 많이 사용하는 함수>** 영상 강의를 시청하고 엑셀 기능을 복습해보세요.

QR 코드 인식이 어렵다면 유튜브 검색창에 누나아이티 많이 사용하는 함수를 검색하세요.

자동으로 평균값을 구하자

 **시작해볼까요?**

실습 파일 4장/03_평균.xlsx

자동 합계가 있는 메뉴에는 자동으로 평균을 구해주는 기능도 있습니다. AVERAGE 함수를 사용해서 자동으로 평균을 구해주는 기능을 알아봅시다.

자동 합계 메뉴에서 AVERAGE 함수 사용하기

실습 파일을 열어보면 [평균], [최고점수], [최저점수] 열이 비어 있습니다. 자동 합계 메뉴를 활용해서 평균을 구해볼게요.

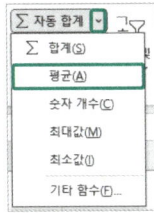

답을 구할 셀인 [I4]를 클릭합니다. [홈] 탭 - [편집] 그룹 - [자동 합계∑]의 목록 버튼을 클릭하면 메뉴가 표시됩니다. [평균]을 클릭하면 평균을 구할 범위가 점선으로 표시됩니다.

Enter를 누르니 평균이 90점이 넘게 표시됩니다. [I4] 셀을 더블클릭해보면 범위가 잘못 지정된 걸 알 수 있어요. 범위가 [1월]부터 [6월]까지 지정되어야 하지만, [1월]부터 [합계]까지로 잘못 지정되어 있습니다.

범위를 다시 지정해볼게요. [I4] 셀을 클릭한 후 Delete를 눌러 값을 지웁니다. 다시 [홈] 탭 - [편집] 그룹 - [자동 합계∑] - [평균]을 클릭합니다. 범위가 자동으로 지정되면 [B4] 셀부터 [G4] 셀까지 드래그한 후 Enter를 누릅니다.

평균값 53이 구해졌습니다. [I4] 셀을 클릭해서 수식 입력줄을 확인해보면 함수식도 잘 입력된 것을 확인할 수 있습니다.

=AVERAGE(B4:G4)

이제 [I4] 셀의 채우기 핸들을 더블클릭하면 모든 사람의 평균이 구해집니다.

소수점 아래 자릿수 조정하기

평균값이 소수점 아래 숫자가 많이 표시되었습니다. 소수점 아래 한 자리만 남겨볼게요. [I4] 셀부터 [I11] 셀까지 드래그해서 범위를 지정합니다.

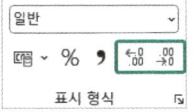

[홈] 탭 - [표시 형식] 그룹에서 [자릿수 늘림]과 [자릿수 줄임]을 찾을 수 있습니다.

4장 수식으로 빠르게 계산하기 **141**

셀을 선택한 상태에서 이 아이콘을 클릭하면 한 번 누를 때마다 소수점 이하 자릿수를 늘리거나 줄일 수 있습니다. 소수점 아래가 한 자리만 남을 때까지 [자릿수 줄임]을 클릭합니다.

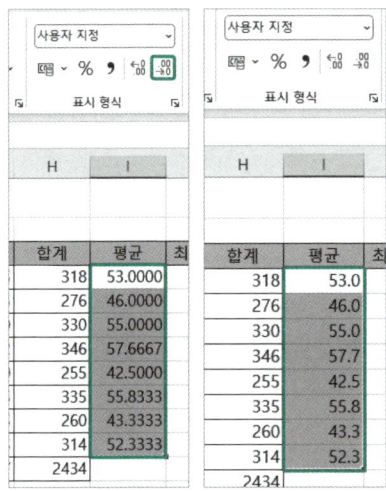

자동 합계 기능을 활용해서 [최고점수] 열과 [최저점수] 열도 채워보세요. [자동 합계∑]-[최대값], [최소값] 명령을 활용하면 됩니다.

정리해볼까요?

- AVERAGE 함수를 사용하면 지정한 범위에서 평균을 구할 수 있습니다.
- [자동 합계∑]-[평균] 명령을 이용하면 함수를 직접 입력하지 않아도 평균값을 구할 수 있습니다.
- [자동 합계∑] - [평균] 명령을 사용할 때는 지정된 범위가 정확한지 확인해야 합니다.
- [자릿수 늘림]과 [자릿수 줄임] 명령으로 소수점 아래 자릿수를 조정할 수 있습니다.

다양한 방식으로
함수를 입력해보자

 **시작해볼까요?** 실습 파일 4장/04_함수 마법사.xlsx

이제까지 [자동 합계] 명령을 이용해서 기본 함수를 입력해봤습니다. 이 외에도 함수를 입력하는 방법은 여러 가지가 있습니다. 함수를 입력하는 다양한 방법을 알아봅시다.

함수 입력 방법 알아보기

함수를 입력하는 대표적인 세 가지 방법을 알아보겠습니다.

첫째, [수식] 탭에서 원하는 함수를 입력할 수 있어요. [수식] 탭에는 [재무], [논리], [텍스트], [날짜 및 시간] 등 여러 카테고리별로 다양한 함수가 정리되어 있습니다. 각 카테고리의 아래 화살표를 클릭하면 함수를 확인할 수 있습니다.

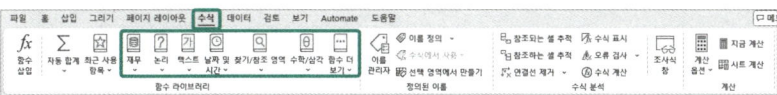

4장 수식으로 빠르게 계산하기

둘째, 수식 입력줄 옆에 있는 [함수 삽입 fx] 명령으로 함수를 입력할 수 있어요.

[함수 삽입 fx]을 클릭하면 [함수 마법사] 대화상자가 표시됩니다. [함수 마법사]를 사용하면 단계별 안내에 따라 쉽게 함수를 입력할 수 있어요. [범주 선택]에서 엑셀에서 사용할 수 있는 모든 함수를 카테고리별로 찾을 수 있어요. [범주 선택] - [최근에 사용한 함수] 목록에서는 자주 사용하는 함수를 빠르게 찾을 수도 있습니다.

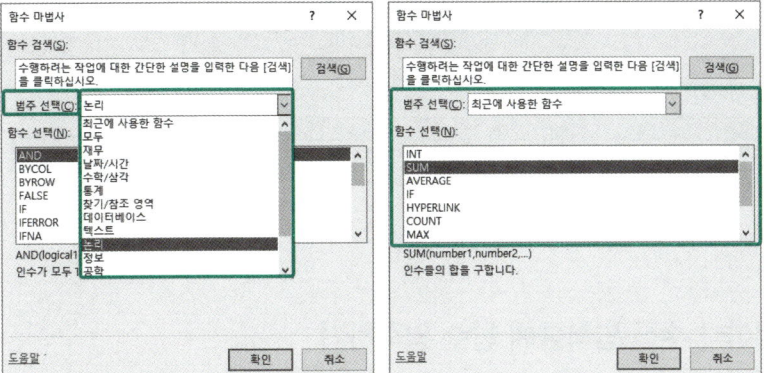

원하는 함수를 선택하고 [확인]을 클릭하면 [함수 인수] 대화상자가 나타납니다. 여기서 함수식을 완성할 수 있습니다.

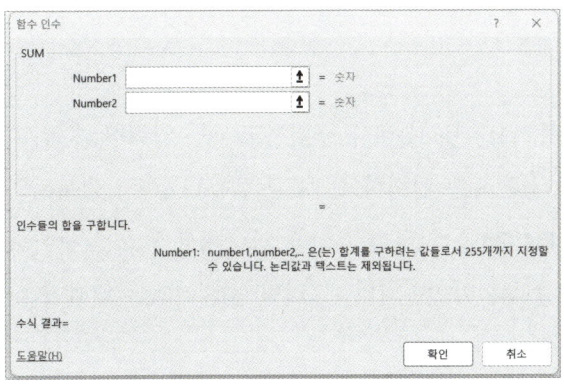

셋째, 셀이나 수식 입력줄에 직접 함수를 입력해요. 가장 빠르게 함수식을 작성할 수 있어요.

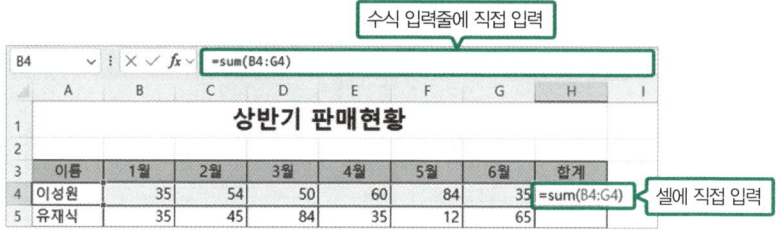

셀이나 수식 입력줄에 함수 입력하기

함수를 입력하는 세 번째 방법인, 셀이나 수식 입력줄에 직접 함수를 입력하는 방법을 알아봅시다. 함수를 입력할 때는 함수 형식에 맞춰 3단계로 입력합니다. 먼저 셀에 **=**를 입력하고 그다음에 함수를 입력합니다. 그다음으로는 **(**를 넣고 셀 주소를 입력합니다.

=함수(셀:셀)

SUM 함수를 입력해볼까요? [H4] 셀을 클릭하고 **=**를 입력한 후 함수명인 **SUM**을 입력합니다. **(**를 입력하고, [B4] 셀부터 [G4] 셀까지의 값을 더할 것이므로 **B4:G4**를 입력한 후 **)**를 입력해서 괄호를 닫아줍니다. Enter 를 눌러 결과를 확인합니다. 그러면 '318'이라는 결과가 나옵니다.

=SUM(B4:G4)

TIP 함수를 입력할 때는 대문자가 아닌 소문자로 입력해도 됩니다.

여기서 **B4:G4** 사이의 '**:**(콜론)'은 어떤 역할을 할까요? [B4] 셀부터 [G4] 셀까지의 범위를 지정한다는 의미입니다. 쉽게 말해, '~'과 같은 의미로 이해하면 됩니다.

이때, 같은 수식에서 ':(콜론)' 대신 ',(콤마)'를 사용하면 [B4] 셀과 [G4] 셀만 선택한다는 의미로, 그 사이의 셀들은 포함하지 않는다는 뜻입니다.

',(콤마)'를 사용해서 다시 계산해볼게요. 합계를 구할 [H4] 셀을 클릭한 후 **=SUM(B4,G4)**를 입력한 후 Enter를 누릅니다. [B4] 셀과 [G4] 셀의 값만 더해져 70이라는 결과가 구해집니다.

> #### 🚀 조금 더 가볼까요?   사칙연산 기호로 수식 만들기
>
> 사칙연산 기호에는 더하기, 빼기, 곱하기, 나누기가 있습니다.
>
> **+ - × ÷**
>
> 엑셀에서는 사칙연산 기호의 모양이 약간 다릅니다. 곱하기는 '*(별표)', 나누기는 '/(슬래시)' 기호를 사용합니다.

+ - * /

> **TIP** *(별표)는 키보드에서 숫자 8에 위치해 있습니다. Shift를 누른 상태에서 숫자 8을 누르면 *가 입력됩니다.

엑셀에서는 사칙연산 기호를 이용해서 바로 숫자를 계산할 수 있습니다. 몇 가지 입력해볼까요?

먼저 빈 셀에 **=**를 입력하고 **3+3**을 입력해보세요. Enter 를 누르면 결괏값으로 '6'이 구해지고, 수식 입력줄에는 **=3+3**이라는 수식이 입력된 것을 확인할 수 있습니다.

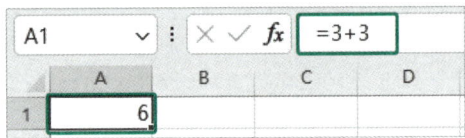

곱하기와 나누기도 입력해볼게요. 빈 셀에 **=**를 입력하고 **3*3**을 입력한 후 Enter 를 누르면 '9'가 구해지며, 수식 입력줄에는 **=3*3**이라는 수식이 입력된 것을 알 수 있습니다.

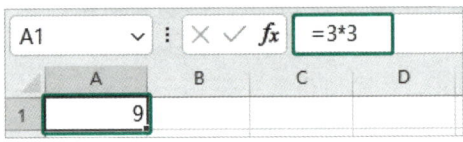

빈 셀에 **=**를 입력하고 **9/3**을 입력합니다. Enter 를 누르면 '3'이 구해지고, 수식 입력줄에는 **=9/3**이라는 수식이 입력된 것을 알 수 있습니다.

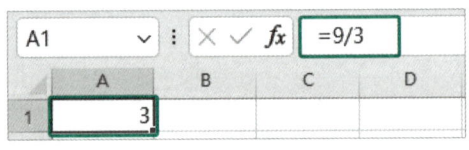

셀에서 바로 함수를 찾고 입력하기

엑셀 작업을 하다 보면 함수 사용에 익숙해지고 자주 사용하는 함수가 생깁니다. 이럴 때 편리하게 함수를 입력할 수 있는 방법이 있습니다. 함수 마법사를 사용하지 않고도, 원하는 함수를 빠르게 찾을 수 있어요.

[I4] 셀에서 평균을 구한다면 AVERAGE 함수를 써야 합니다. 이때 함수명을 전부 입력할 필요 없이 [I4] 셀에서 **=**를 입력하고 **AV**를 입력하면 'AV'로 시작하는 함수 목록이 나타납니다.

AVERAGE 함수는 목록의 두 번째 줄에 있습니다. 키보드 방향키 ↓를 이용해서 목록의 두 번째 항목으로 이동한 후 Tab 을 누르면 '=(등호)' 뒤에 **AVERAGE(** 가 바로 입력됩니다.

> **TIP** 셀에서 함수를 입력할 때는 함수 목록에서 Tab 을 눌러야 합니다. Enter 를 누르면 셀 포인터가 아래로 이동하여 함수 입력을 이어갈 수 없어요.

> **TIP** 함수 목록에서 방향키 ↓로 이동하지 않고, 마우스로 원하는 함수를 더블클릭해도 됩니다.

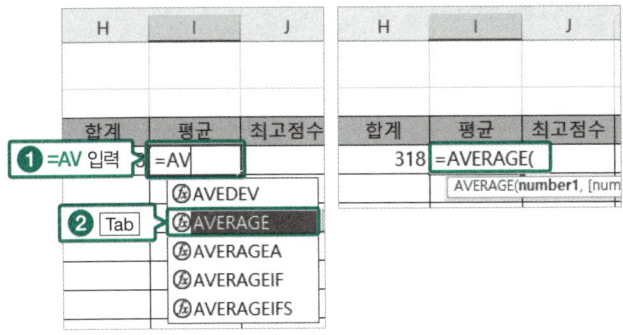

그런 다음 평균을 구할 범위인 **B4:G4**를 직접 입력하거나 마우스로 드래그한 후 Enter를 누르면 평균이 구해집니다.

B4			fx	=AVERAGE(B4:G4)					
	A	B	C	D	E	F	G	H	I	J
1	상반기 판매현황									
2										
3	이름	1월	2월	3월	4월	5월	6월	합계	평균	최고점수
4	이성원	35	54	50	60	84	35	318	=AVERAGE(B4:G4)	
5	유재식	35	45	84	35	12	65		AVERAGE(**number1**, [num	

I5			fx						
	A	B	C	D	E	F	G	H	I
1	상반기 판매현황								
2									
3	이름	1월	2월	3월	4월	5월	6월	합계	평균
4	이성원	35	54	50	60	84	35	318	53
5	유재식	35	45	84	35	12	65		

MAX 함수를 이용해서 최고점수를 구해볼까요? 답을 구할 [J4] 셀을 클릭합니다. **=MAX**를 입력하면 MAX로 시작하는 함수 목록이 나옵니다. MAX 함수는 상단에 있으므로 바로 Tab을 누릅니다. 최고점수를 구할 범위인 [B4] 셀부터 [G4] 셀까지 마우스로 드래그하고 Enter를 누르면 최고점수가 구해집니다.

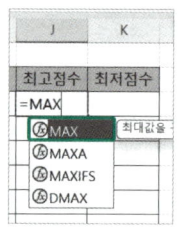

B4			fx	=MAX(B4:G4)						
	A	B	C	D	E	F	G	H	I	J	K
1				상반기 판매현황							
2											
3	이름	1월	2월	3월	4월	5월	6월	합계	평균	최고점수	최저점수
4	이성원	35	54	50	60	84	35	318	53	=MAX(B4:G4	
5	유재식	35	45	84	35	12	65			MAX(**number1**, [number2]	

최저점수도 같은 방식으로 구해보세요. MIN 함수를 사용하면 됩니다. [K4] 셀에 들어갈 완성된 수식은 다음을 참고하세요.

=MIN(B4:G4)

함수를 입력하는 다양한 방법을 알아봤습니다. 자신에게 편한 방식으로 함수를 입력하세요.

정리해볼까요?

- [수식] 탭에서 함수를 찾아서 입력할 수 있습니다.
- [함수 삽입 fx] 명령을 이용해서 함수를 입력할 수 있습니다.
- 셀이나 수식 입력줄에 직접 함수를 입력할 수 있습니다.
- 셀에 =를 입력한 후, 원하는 함수의 앞 글자를 입력하면 해당 함수를 찾을 수 있습니다.

숫자가 포함된
셀 개수를 세어보자

 **시작해볼까요?** 실습 파일 4장/05-06_COUNT, COUNTA 함수.xlsx

숫자가 포함된 셀의 개수를 세어주는 COUNT 함수에 대해 알아봅시다. 이 함수를 사용하면 데이터에서 숫자 셀의 개수를 파악할 수 있어, 인원 확인이나 데이터 분석에 유용합니다.

숫자가 포함된 셀 개수 세어보기

실습 파일을 열어볼까요? 야유회 참여명단이 있고, 오른쪽에는 인원을 파악해야 하는 요약표가 있습니다. 지정된 범위에 숫자가 입력된 셀의 개수를 세는 COUNT 함수를 활용하여 인원수를 파악해봅시다.

표를 살펴보면 [A열]에 넘버링이 적혀 있습니다. [A열]에서 숫자가 포함된 셀의 개수를 세면 전체인원수를 파악할 수 있습니다. 전체인원을 구할 [G4] 셀을 클릭한 후 **=COUNT**를 입력합니다.

> **TIP** 표에 넘버링이 있어도 중간에 누락된 번호가 있을 수 있습니다. 정확한 인원수를 파악하려면 COUNT 함수를 사용하여 실제로 데이터가 입력된 셀의 개수를 세는 것이 중요합니다.

| SUM | : × ✓ fx | =COUNT |

	A	B	C	D	E	F	G	H
1		야유회 참여명단						
2								
3	no	이름	부서	회비		회비 납입 여부		
4	1	이성원	인사부	O		전체인원	=COUNT	
5	2	유재식	영업부			회비 납입	ⓕxCOUNT	
6	3	박명순	관리부	O		회비 미납	ⓕxCOUNTA	
7	4	정준희	영업부	O			ⓕxCOUNTBLANK	
8	5	지성진	영업부			부서별 참석인원	ⓕxCOUNTIF	
9	6	이광순	인사부	O		인사부	ⓕxCOUNTIFS	
10	7	송지희	영업부	O		영업부	ⓕxCUBESETCOUNT	
11	8	김용민	인사부			관리부	ⓕxDCOUNT	
12	9	윤정순	관리부	O			ⓕxDCOUNTA	
13	10	김순	관리부	O				

Tab 을 누르고 전체인원수가 표시되어 있는 [A4] 셀부터 [A16] 셀까지 드래그해서 범위를 지정합니다.

| A4 | : × ✓ fx | =COUNT(A4:A16 |

	A	B	C	D	E	F	G
1		야유회 참여명단					
2							
3	no	이름	부서	회비		회비 납입 여부	
4	1	이성원	인사부	O		전 =COUNT(A4:A16	
5	2	유재식	영업부			회비 COUNT(value1, [value2], ...)	
6	3	박명순	관리부	O		회비 미납	
7	4	정준희	영업부	O			
8	5	지성진	영업부			부서별 참석인원	
9	6	이광순	인사부	O		인사부	
10	7	송지희	영업부	O		영업부	
11	8	김용민	인사부			관리부	
12	9	윤정순	관리부	O			
13	10	김순	관리부	O			
14	11	이영지	인사부	O			
15	12	송윤희	영업부				
16	13	김용철	인사부	O			

Enter 를 누르면 전체인원수 '13'이 표시됩니다.

=COUNT(A4:A16)

COUNT 함수로 문자가 포함된 셀을 세어보기

회비 납입 인원은 [D열]에서 동그라미가 있는 셀의 개수를 세면 알 수 있습니다. [G5] 셀에 COUNT 함수를 사용해보겠습니다.

[G5] 셀을 클릭하고 **=COUNT**를 입력한 후 Tab 을 누릅니다. 그다음 동그라미 개수를 세어야 하는 범위인 [D4] 셀부터 [D16] 셀까지 드래그한 뒤, Enter 를 눌러 계산을 완료합니다. 그런데 전체인원수를 셀 때와 동일한 방식으로 COUNT 함수를 사용했는데 '0'이 표시되었네요.

이유는 COUNT 함수는 숫자가 포함된 셀의 개수만 셀 수 있기 때문이에요. 동그라미와 같은 텍스트가 포함된 셀은 COUNT 함수로 셀의 개수를 셀 수 없어요. 이 경우에는 COUNTA 함수를 사용해야 합니다. 다음 실습에서 COUNTA 함수에 대해 알아봅시다.

정리해볼까요?

- COUNT 함수는 지정된 범위에서 숫자가 포함된 셀의 개수를 셀 수 있습니다.
- COUNT 함수는 숫자가 아닌 텍스트가 포함된 셀은 셀 수 없습니다.

문자가 포함된 셀과 빈 셀 개수를 세어보자

 **시작해볼까요?** 실습 파일 4장/05-06_COUNT, COUNTA 함수.xlsx

COUNT 함수로 숫자가 포함된 셀을 셀 수 있다면, COUNTA 함수는 문자나 숫자가 포함된 셀을 셀 수 있습니다. COUNTA 함수와 빈 셀의 개수를 세는 COUNTBLANK 함수를 알아봅시다.

문자가 포함된 셀 개수 세어보기

방금 실습한 파일을 이어서 활용할게요. 앞서 야유회 회비를 납입한 회원 수를 세고자 했으나, COUNT 함수로는 셀 수 없었죠. 숫자, 혹은 문자가 들어 있는 셀의 개수를 셀 때는 COUNTA 함수를 사용해야 해요.

COUNTA 함수의 사용법은 COUNT 함수와 동일합니다. 값을 구할 [G5] 셀을 클릭한 후 **=COUNTA**를 입력하고 Tab 을 누릅니다. 그런 다음 [D4] 셀부터 [D16] 셀까지 드래그한 뒤 Enter 를 누릅니다. 그러면 '9'라는 결과가 나옵니다.

=COUNTA(D4:D16)

D4			fx	=COUNTA(D4:D16)				
	A	B	C	D	E	F	G	H
1	야유회 참여명단							
2								
3	no	이름	부서	회비		회비 납입 여부		
4	1	이성원	인사부	O		전체인원	13	
5	2	유재식	영업부			회비 납입	=COUNTA(D4:D16	
6	3	박명순	관리부	O		회비 미납	COUNTA(value1, [value2],	
7	4	정준희	영업부	O				
8	5	지성진	영업부			부서별 참석인원		
9	6	이광순	인사부	O		인사부		
10	7	송지희	영업부	O		영업부		
11	8	김용민	인사부			관리부		
12	9	윤정순	관리부	O				
13	10	김순	관리부	O				
14	11	이영지	인사부	O				
15	12	송윤희	영업부					
16	13	김용철	인사부	O				

회비 납입 여부	
전체인원	13
회비 납입	9
회비 미납	

빈 셀 개수 세기

회비를 미납한 사람이 몇 명인지 확인하려면 회비 납입 동그라미가 없는 빈 셀의 개수를 세면 됩니다. 지정된 범위에서 빈 셀의 개수를 구하려면 COUNTBLANK 함수를 사용합니다.

먼저 값을 구할 [G6] 셀을 클릭하고 **=COUNTBLANK**를 입력하고 Tab 을 누릅니다. 그런 다음 [D4] 셀부터 [D16] 셀까지 드래그한 후 Enter 를 누르면 빈 셀의 개수인 '4'가 계산됩니다. 이를 통해 회비를 미납한 인원이 4명임을 알 수 있습니다.

=COUNTBLANK(D4:D16)

회비 납입 여부	
전체인원	13
회비 납입	9
회비 미납	4

함수가 입력된 셀에 단위 표시하기

구해진 값에 '명' 단위를 표시하려고 합니다. 함수로 각 값을 구했기 때문에 셀에 직접 '명'을 입력할 수 없습니다. 이럴 때는 '사용자 지정 표시 형식'을 사용하면 해결할 수 있습니다.

먼저 [G4] 셀부터 [G6] 셀까지 드래그해서 범위를 지정한 다음, [홈] 탭 – [표시 형식] 그룹의 오른쪽 하단에 있는 [표시 형식]을 클릭합니다.

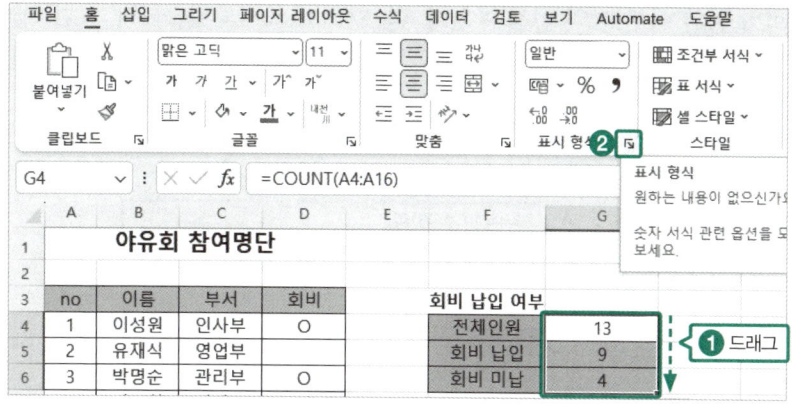

[셀 서식] 대화상자가 나타납니다. [범주]에서 [사용자 지정]을 클릭합니다. [형식]에 'G/표준'이라고 표시됩니다. 그 옆에 **명**을 입력한 후 [확인]을 클릭합니다.

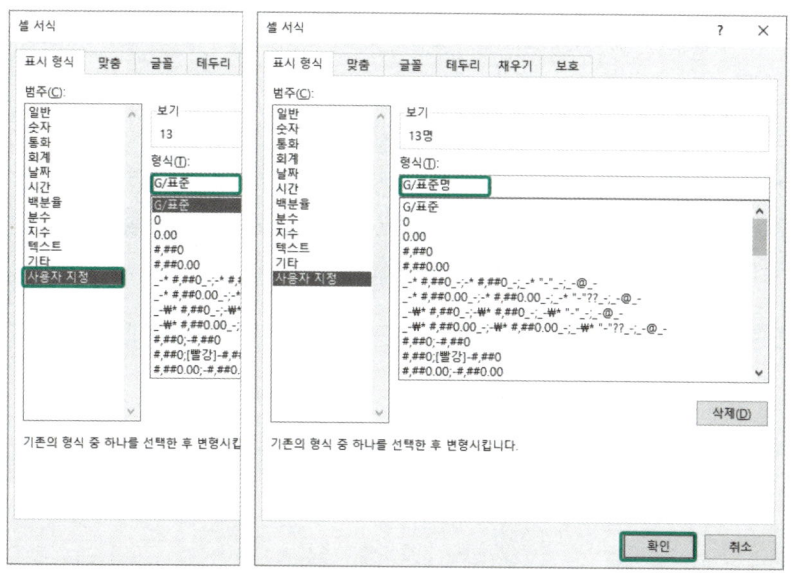

> **TIP** 엑셀에서 'G/표준'은 기본 숫자 서식을 의미해요. 숫자를 특별한 형식 없이 있는 그대로 표시한다고 생각하면 돼요.

회비 납입 여부 표의 인원수 옆에 '명' 단위가 표시되었습니다. [G4] 셀부터 [G6] 셀까지 수식 입력줄에는 함수만 입력되어 있지만, 표시 형식에서 지정한 단위가 표시됩니다.

정리해볼까요?

- COUNTA 함수는 지정된 범위에서 숫자나 문자가 입력된 셀의 개수를 셀 수 있습니다.
- COUNTBLANK 함수는 지정된 범위에서 빈 셀의 개수를 셀 수 있습니다.
- 함수가 입력된 셀에 단위를 표시하려면, '사용자 지정 표시 형식'을 활용하면 됩니다.
- '사용자 지정 표시 형식'은 [홈] 탭 – [표시 형식] 그룹 – [표시 형식 ⤵]을 클릭하면 나타나는 [셀 서식] 대화상자에서 설정할 수 있습니다.

알고 보면 쉬운
IF 함수를 알아보자

 **시작해볼까요?** 실습 파일 4장/07_IF 함수.xlsx

IF 함수는 '만약에'를 함수로 표현한 것입니다. 먼저 조건을 설정한 후 그 조건이 충족되면 '참'인 값을, 충족되지 않으면 '거짓'인 값을 반환합니다. 조건에 따라 결과가 달라지는 IF 함수를 알아봅시다.

'만약에'를 함수로 표현한 IF 함수

IF 함수는 특정 조건을 설정해야 할 때 사용합니다. 예를 들어 시험 점수의 평균이 80점 이상이면 합격, 그렇지 않으면 불합격 처리를 할 때, 또는 물건 구매 금액이 3만 원 이상이면 무료 배송과 같은 조건을 설명하는 데 활용합니다.

함수 마법사를 사용하여 IF 함수 적용하기

실습 파일의 [H열]에 상반기 매출 합계가 적혀 있습니다. '매출 합계가 300 이상'이면 '목표달성', '매출 합계가 300 미만'이면 '분발'이라고 [평가] 열에 표시해볼게요.

	A	B	C	D	E	F	G	H	I
1				상반기 판매현황					
2									
3	이름	1월	2월	3월	4월	5월	6월	매출	평가
4	이성원	35	54	50	60	84	35	318	
5	유재식	35	45	84	35	12	65	276	
6	박명순	61	21	54	50	64	80	330	
7	정준희	51	55	38	60	80	62	346	
8	지성진	25	90	45	35	10	50	255	
9	이광순	60	40	85	45	30	75	335	
10	송지희	20	60	45	85	35	15	260	
11	김용민	32	52	40	80	65	45	314	

먼저 답을 구할 [I4] 셀을 클릭합니다. 셀에 **=IF**를 입력하면 IF 함수가 목록에 나타납니다. Tab 을 누르면 **=IF** 뒤에 (가 표시됩니다.

이 상태에서 Ctrl + A 를 누릅니다.

TIP 함수 입력 후 Ctrl + A 를 누르면, 함수 입력창인 [함수 인수] 대화상자가 나타납니다.

수식 입력줄에 =IF()가 표시되고, 함수 마법사인 [함수 인수] 대화상자가 표시됩니다.

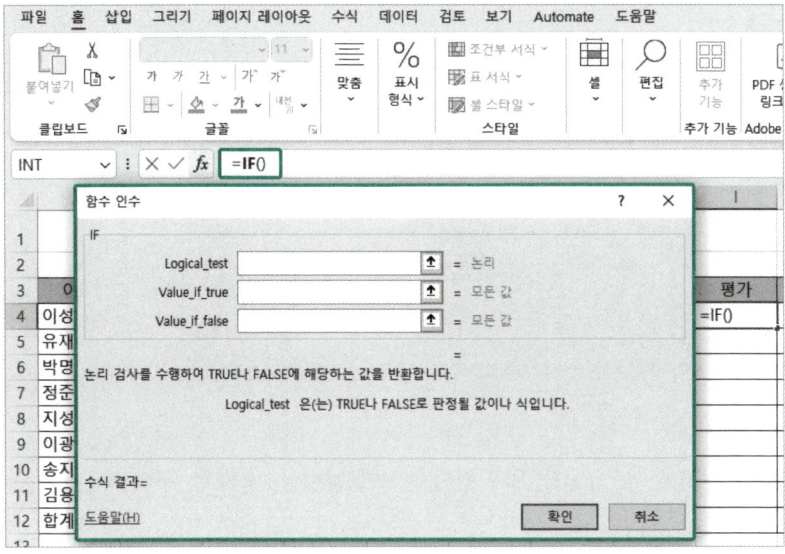

입력해야 할 게 세 가지가 있군요. 첫 번째 입력란에는 조건(Logical_test)을 입력해야 합니다. 앞서 정한 기준인 '매출 합계가 300 이상'이 조건입니다.

조건(Logical_test) 입력란을 클릭하고 **H4>=300**을 입력합니다. 매출 합계는 [H4] 셀에 입력되어 있는데, 그 값이 300 이상인지 확인하겠다는 뜻입니다. 수학에서 '이상'을 의미할 때는 '≥' 기호를 사용하지만, 엑셀에서는 **>=**라고 표기합니다. '이상'은 '크거나 같다'라는 의미이므로, 이 조건에서는 매출이 300일 때도 목표가 달성된 것으로 표시합니다.

H4>=300을 입력한 후 Tab 을 누르면 다음 입력란인 [Value_if_true]로 커서가 이동합니다. [Value_if_true]는 조건이 참일 때 표시될 내용을 입력하는 곳입니다.

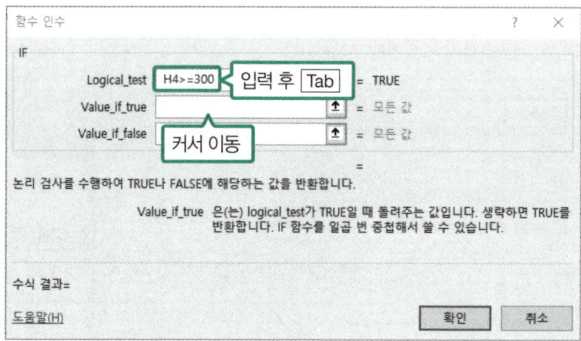

참값(Value_if_true) 입력란에는 **목표달성**을 입력한 후 Tab 을 누릅니다. 거짓값(Value_if_false) 입력란으로 커서가 이동하는데, 조건이 일치하지 않을 때 표시되는 내용을 입력합니다. 거짓값(Value_if_false)은 **분발**을 입력합니다. 이제 [확인]을 클릭하면 [I4] 셀에 결과가 표시됩니다.

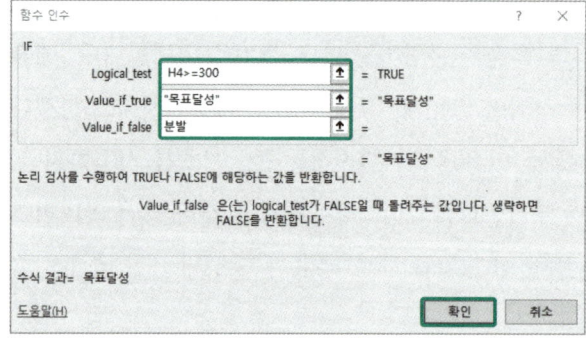

[H4] 셀에 입력되어 있는 '이성원'의 매출은 318로, 300 이상이라서 **목표달성**이 표시되었습니다.

TIP IF [함수 인수] 대화상자의 [Value_if_true] 입력란에 '목표달성'을 입력한 후 Tab 을 누르면 자동으로 큰따옴표("목표달성")가 표시됩니다. [확인]을 클릭한 뒤에 수식 입력줄을 확인해보면 '분발'에도 큰따옴표가 표시된 것을 확인할 수 있습니다("분발"). 함수에서 큰따옴표는 텍스트를 표시할 때 사용됩니다. 수식 입력줄에 함수를 직접 입력할 때도 큰따옴표 안에 문자를 입력하면 문자가 그대로 셀에 표시됩니다.

채우기 핸들로 나머지 결과 구하기

다른 사람들의 매출도 '목표달성'인지, '분발'인지 표시해볼게요. [I4] 셀의 채우기 핸들을 [I11] 셀까지 드래그합니다. 수치만 표시되던 매출을 직관적으로 판단할 수 있게 정리되었습니다.

4장 수식으로 빠르게 계산하기 **165**

 **정리해볼까요?**

- IF 함수는 조건을 설정한 후 조건에 맞으면 참값을, 조건에 맞지 않으면 거짓값을 반환합니다.
- IF 함수는 함수 마법사(함수 인수)를 사용하면 쉽게 입력할 수 있습니다. 각 입력란에는 조건, 참일 때 표시할 값, 거짓일 때 표시할 값을 입력합니다.

⏳ 1분만요! 누나IT의 1분 영상 강의

 누나IT 유튜브 채널에서 **<엑셀 IF 함수 이렇게 하면 절대 헷갈리지 않아요>** 영상 강의를 시청하고 엑셀 기능을 복습해보세요.
QR 코드 인식이 어렵다면 유튜브 검색창에 누나아이티 IF 함수를 검색하세요.

5장

함수 제대로 써먹기

절대 알아야 할 절대 참조를 알아보자

 **시작해볼까요?** 　　　　　　　　　실습 파일 5장/01_절대 참조.xlsx

채우기 핸들로 수식을 입력하면 오류가 날 수도 있습니다. 오류가 나는 셀의 수식을 확인하고 수식을 올바르게 작성하기 위해 특정 셀을 고정하는 절대 참조에 대해 알아봅시다.

수식에서 오류가 나는 이유

실습 파일을 보면 부품 가격이 달러로 표기되어 있어요. 부품 가격을 달러와 환율을 곱해서 원화로 바꿔볼게요. 환율은 1달러에 1,380원이네요. 먼저 'NP_001' 부품의 원화를 구하겠습니다. 답을 구할 [D6] 셀을 클릭한 후 =를 입력하고 [C6] 셀을 클릭한 뒤 *를 입력하고 [D3] 셀을 클릭합니다. 이 상태에서 Enter 를 누르면 원화 가격이 계산됩니다.

　　=C6*D3

TIP 곱하기 * 기호는 키보드에서 숫자 8 에 위치해 있습니다. Shift 를 누른 상태에서 숫자 8 을 누르면 *가 입력됩니다.

나머지 부품도 가격을 구하려면 채우기 핸들을 더블클릭하면 되겠죠? 그런데 [D6] 셀의 채우기 핸들을 더블클릭하니, 가격이 제대로 구해지지 않고 '-(하이픈)'이나 '#VALUE!'가 나타났습니다. '#VALUE!'는 오류가 발생했다는 것을 의미합니다.

TIP '-(하이픈)'으로 표시된 셀은 숫자 '0'이 입력된 것을 의미합니다.

오류가 발생한 원인을 찾아볼게요. 원하는 값이 구해지지 않을 때 해당 셀을 더블클릭해서 수식에 문제가 있는지 확인해보세요. 잘못된 결과가 나온 [D7] 셀을 더블클릭하니 수식이 '=C7*D4'로 적혀 있습니다.

	A	B	C	D
1				
2				
3			1달러	1,380
4				
5		부품	달러	원
6		NP_001	23	31,740
7		NP_002	20	=C7*D4
8		NP_003	65	#VALUE!
9		NP_004	42	######
10		NP_005	30	-
11		NP_006	15	#VALUE!

수식 입력줄: SUM =C7*D4
[D7] 셀: 더블클릭

[C7] 셀은 옳게 지정됐습니다. [D4] 셀은 [D3] 셀이 지정되어야 하는데 한 칸 아래로 잘못 지정되었습니다. 그래서 20달러에 0을 곱한 결과로 '–(하이픈)'이 표시된 것입니다. 마찬가지로 나머지 셀도 더블클릭하면 왜 오류가 발생했는지 확인할 수 있습니다.

채우기 핸들을 더블클릭하면 수식을 한 칸씩 아래로 이동하면서 입력하기 때문에 이런 오류가 발생합니다. [C열]은 한 칸씩 아래로 이동하면서 계산되는 게 맞지만, 1,380원이 입력된 [D3] 셀은 고정되어야 합니다. 이렇게 수식에서 셀을 고정할 때는 '절대 참조' 기능을 사용해야 합니다.

TIP ESC를 눌러 [D7] 셀과 참조된 셀의 강조 표시를 해제하세요.

절대 참조로 셀 주소 고정하기

잘못 계산된 값을 지우고 다시 계산해볼게요. [D6] 셀부터 [D11] 셀까지 드래그한 후 Delete 를 눌러 값을 삭제합니다.

D6			fx		
	A	B	C	D	
1					
2					
3			1달러	1,380	
4					
5		부품	달러	원	
6		NP_001	23		
7		NP_002	20		
8		드래그 후 Delete	65		
9		NP_004	42		
10		NP_005	30		
11		NP_006	15		

가격을 구할 [D6] 셀을 클릭한 후 =를 입력하고, [C6] 셀을 클릭한 뒤 *를 입력한 후 [D3] 셀을 클릭합니다. 여기까지 과정은 같습니다.

SUM			fx	=C6*D3	
	A	B	C	D	
1					
2					
3			1달러	1,380	
4					
5		부품	달러	원	
6		NP_001	23	=C6*D3	
7		NP_002	20		

이제 1,380원이 입력된 [D3] 셀을 고정해야겠죠? 셀 위치를 고정할 때는 셀 주소에 $를 표시합니다. [D3] 셀을 고정하려면 수식에서 D의 왼쪽을 클릭하고 $를 입력한 후, 숫자 3 앞을 클릭하고 다시 $를 입력합니다. Enter를 누르면 절대 참조 설정이 완료됩니다.

> **TIP** 달러 $ 기호는 키보드에서 숫자 4에 있습니다. Shift와 4를 같이 누르면 $가 입력됩니다.

D와 3에 각각 $를 넣는 이유는, D만 고정하면 셀이 D4, D5로 이동하고 3만 고정하면 셀이 E3, F3으로 이동하기 때문입니다. 즉, 행과 열을 모두 고정한다는 의미입니다.

=C6*$D$3

나머지 부품의 가격을 구하기 위해서 [D6] 셀의 채우기 핸들을 더블클릭하겠습니다.

제대로 계산이 되었는지 확인해볼게요. 맨 마지막 셀인 [D11] 셀을 더블클릭하면 '=C11*$D$3'이 입력되어 있습니다. [C열]의 값은 계속 바뀌지만 [D3] 셀의 위치는 고정되어 바뀌지 않았습니다. 이처럼 '$D$3'

처럼 입력하면 [D3] 셀의 위치를 고정하겠다는 뜻이고, 셀의 위치를 고정하는 게 절대 참조입니다.

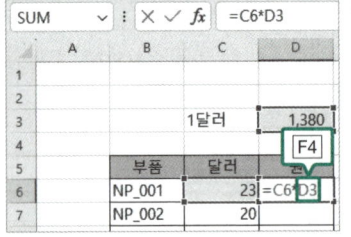

🚀 조금 더 가볼까요? 단축키로 절대 참조 쉽게 설정하기

단축키를 사용하여 절대 참조를 설정하는 방법을 알아보겠습니다. 답을 구할 [D6] 셀을 클릭한 후 =를 입력하고 [C6] 셀을 클릭한 다음 *를 입력하고 [D3] 셀을 클릭합니다. 이때 단축키 F4를 누르면 'D3'이 '$D$3'으로 바뀝니다. 그 후 Enter를 누르면 답이 구해집니다.

TIP F4를 여러 번 누르면 절대 참조 형식이 전환됩니다($D$3, D$3, $D3). F4를 여러 번 눌러서 원하는 절대 참조 형식으로 설정하면 됩니다.

정리해볼까요?

- 절대 참조는 셀이 복사될 때 셀의 위치를 고정하는 것으로, $를 사용해 위치를 고정합니다.
- 절대 참조 단축키는 F4 입니다. 수식을 클릭한 후 F4 를 누르면 간편하게 절대 참조로 변경할 수 있습니다.

⏳ 1분만요! 누나IT의 1분 영상 강의

누나IT 유튜브 채널에서 **<달러만 알아도 당신은 엑셀 중급>** 영상 강의를 시청하고 엑셀 기능을 복습해보세요.

QR 코드 인식이 어렵다면 유튜브 검색창에 **누나아이티 달러**를 검색하세요.

수식이 간편해지는 이름 정의를 알아보자

 **시작해볼까요?** 실습 파일 5장/02_이름 정의.xlsx

수식을 입력할 때 범위를 직접 지정해도 되지만, 범위에 이름을 정의해서 사용하면 수식을 더 쉽고 간결하게 작성할 수 있습니다. 범위에 이름 정의하는 방법을 알아봅시다.

여러 셀에 이름 정의하기

함수를 사용할 때 여러 개의 셀을 범위로 지정해야 하는 경우가 많습니다. 범위를 셀 주소로 입력하면 복잡한데, '이름 정의'를 하면 수식이 훨씬 간단해집니다. 이름 정의는 말 그대로 셀이나 범위에 이름을 정해준다는 뜻입니다. 하나의 셀에도 이름을 정의할 수 있고, 여러 셀에도 이름을 정의할 수 있습니다.

실습 파일을 열어보면 수식 입력줄 왼쪽에는 이름 상자가 있습니다. 이름 상자에서 셀 포인터가 위치한 곳의 셀 주소나 범위의 이름을 알 수 있죠.

TIP 셀 포인터가 [G4] 셀에 있습니다. 이름 상자에도 'G4'라고 표시되어 있네요.

[A4] 셀부터 [A16] 셀까지 드래그해서 범위를 지정하고 이름 상자에 **인원**을 입력한 후 Enter 를 누르세요.

[A4] 셀부터 [A16] 셀까지의 범위가 '인원'으로 이름 정의되었습니다. 이름이 제대로 정의되었는지 어떻게 알 수 있을까요?

[A4] 셀부터 [A16] 셀까지 범위 중 하나의 셀을 클릭한 후 이름 상자에서 목록 버튼을 클릭해보세요. 이름 상자의 목록에서 [인원]을 다시

5장 함수 제대로 써먹기 **177**

클릭하면 [A4] 셀부터 [A16] 셀까지 범위가 지정되는 것을 확인할 수 있습니다.

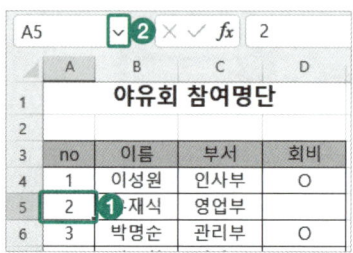

함수에 이름 정의 활용하기

이제 이름 정의한 범위를 활용해서 함수를 입력해볼까요? [G4] 셀에 전체인원이 몇 명인지 구해볼게요. 전체인원을 구할 때는 숫자가 입력된 셀의 개수를 세는 COUNT 함수를 사용할게요.

[G4] 셀을 클릭하고 **=COUNT**라고 입력한 후 Tab 을 누르세요. 원래 이다음에 인원수를 세야 하는 범위를 지정해야 하지만, 앞에서 해당 범위를 '인원'으로 이름 정의했으니 **인원**이라고 입력한 후 Enter 를 누르면 됩니다.

전체인원이 바로 구해졌습니다. [G4] 셀의 수식 입력줄을 보면 수식도 매우 간단하게 표시되었네요.

=COUNT(인원)

여러 개의 이름 정의를 한 번에 만들기

원하는 범위를 드래그하고 이름 상자에 이름을 입력하는 방법으로 이름 정의를 해보았습니다. 그런데 한 번에 여러 범위를 이름 정의하는 방법도 있습니다. 이미 이름 정의한 A열을 제외하고, B, C, D 열을 한 번에 이름 정의하는 방법을 알아보겠습니다.

먼저 [B3] 셀부터 [D16] 셀까지 범위를 지정합니다. [수식] 탭 - [정의된 이름] 그룹 - [선택 영역에서 만들기]를 클릭합니다.

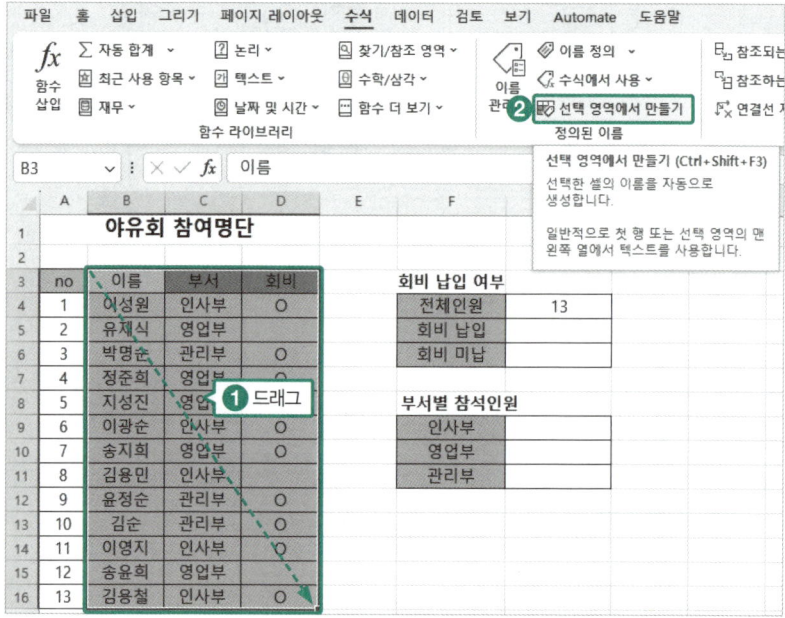

[선택 영역에서 이름 만들기]라는 대화상자가 나타났는데, [첫 행]과 [왼쪽 열]에 체크가 되어 있어요. 각 열의 이름으로 만들고 싶은 부분은 표의 첫 행이니까 [첫 행]만 체크하고 [왼쪽 열]의 체크는 해제합니다. 마지막으로 [확인]을 클릭합니다.

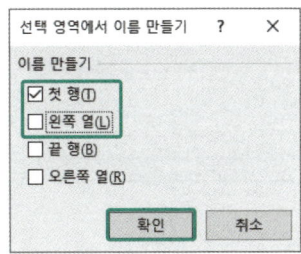

작업 창은 닫혔지만 아무 변화가 일어나지 않은 것 같습니다. 이름 정의가 제대로 되었는지 어떻게 알 수 있을까요?

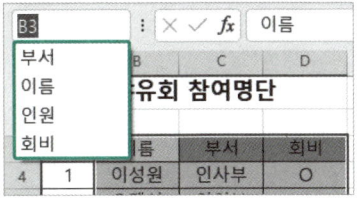

이름 상자에서 목록 버튼을 클릭해보세요. 이전에 이름 정의한 [이름]과 방금 작업한 [부서], [인원], [회비]가 보이네요. 이때 목록은 만든 순서가 아니라 가나다순으로 정렬됩니다. 이렇게 하면 수식을 작성할 때 셀 주소를 일일이 입력하지 않고 범위를 쉽게 입력할 수 있습니다.

이름 정의한 범위가 시트의 어느 부분에 해당하는지 한눈에 보고 싶다면 [수식] 탭 – [정의된 이름] 그룹 – [이름 관리자]를 클릭해보세요. 이름 정의한 목록을 한눈에 볼 수 있습니다.

[이름 관리자] 대화상자에서 이름 정의한 범위를 확인하는 방법을 알아봅시다. 상단에는 이름 정의한 목록이 표시되는데, 범위를 확인하고 싶은 이름을 클릭합니다. [참조 대상]의 수식 입력줄을 클릭하면 이름 정의한 범위가 시트에서 점선으로 표시됩니다. 범위를 확인했으면 [닫기]를 눌러서 [이름 관리자] 대화상자를 닫아주세요.

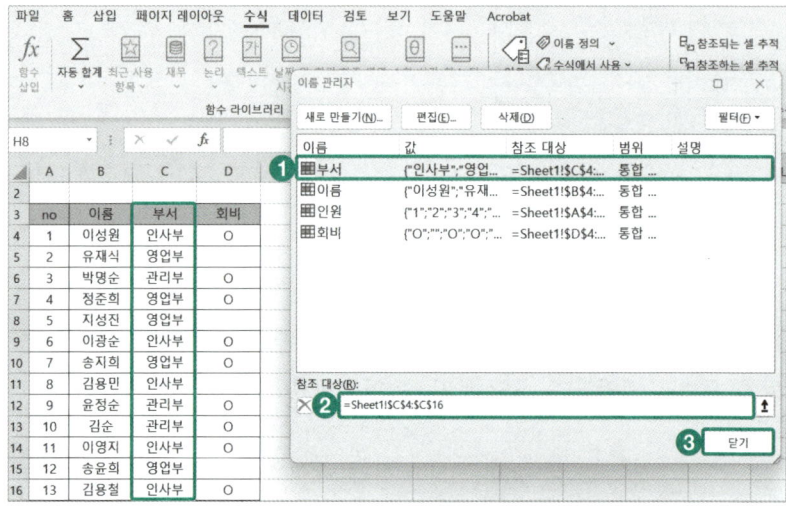

정의한 이름을 삭제하거나 변경하기

이름 정의한 [부서]를 삭제해볼까요? 삭제하는 것도 [이름 관리자]에서 진행하면 됩니다. [수식] 탭 – [정의된 이름] 그룹 – [이름 관리자]를 클릭합니다. [이름 관리자] 대화상자에서 [부서]를 클릭한 후 [삭제]를 클릭합니다. 부서 이름을 삭제할 건지 물어보면 [확인]을 클릭합니다.

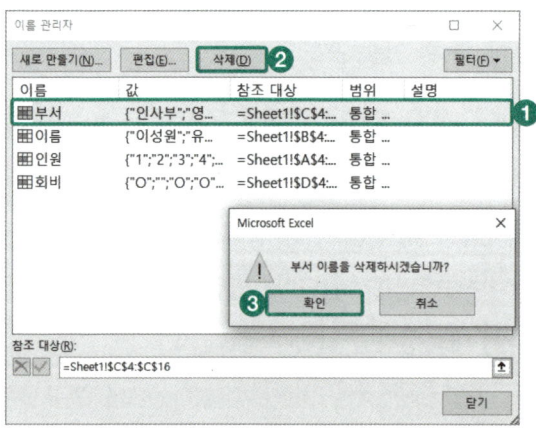

정의한 이름을 바꾸는 방법도 알아볼게요. [인원]을 목록에서 클릭한 후 [편집]을 클릭하세요.

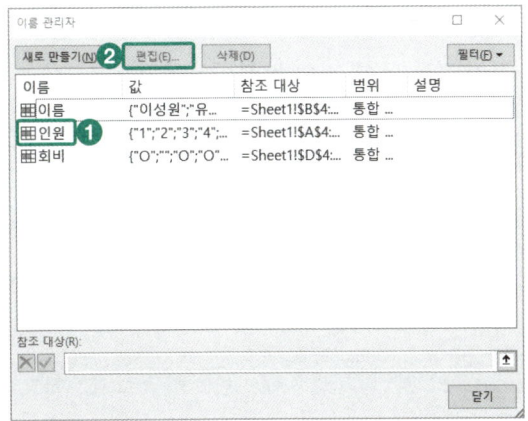

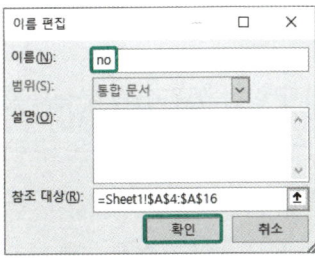

[이름 편집] 대화상자가 나타나는데, [이름]에서 '인원'을 삭제한 후 **no**라고 입력합니다. [확인]을 클릭하면 이름이 변경됩니다. [이름 관리자] 대화상자도 [닫기]를 클릭합니다.

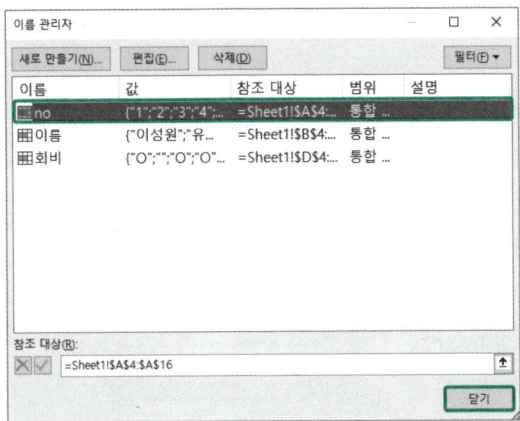

TIP [G4] 셀에서 COUNT 함수로 사용한 이름도 '인원'에서 'no'로 바뀝니다.

▶ 이름 정의 시 주의 사항

- 숫자로 시작할 수 없습니다.

- 띄어쓰기를 할 수 없습니다. 예를 들어 '직원급여'라는 이름은 가능하지만 '직원 급여'로는 이름 정의가 불가능합니다.

- 대소문자는 구별하지 않습니다.

- 이름을 정의한 범위는 자동으로 절대 참조가 되어 수식을 복사해도 정의한 범위가 고정됩니다. $ 기호를 따로 추가할 필요가 없습니다.

이름 정의한 범위로 함수식 만들기

이름 정의한 범위를 활용해 회비 납입 인원과 미납 인원수를 구해보겠습니다. 회원 납입 인원수는 COUNTA 함수로 구했었죠? 답을 구할 [G5] 셀을 클릭하고 =COUNTA를 입력한 후 Tab 을 누르세요. 이름 정의한 회비를 입력하고 Enter 를 누르면 회비 납입 인원수가 구해집니다. 9명이 회비를 납입한 것으로 확인되네요.

=COUNTA(회비)

회비 미납 인원수도 구해보세요. COUNTBLANK 함수를 사용하면 됩니다. 4명이 구해졌다면, 잘하신 겁니다.

=COUNTBLANK(회비)

회비 납입 여부	
전체인원	13
회비 납입	9
회	=COUNTBLANK(회비)

 정리해볼까요?

- 셀이나 범위를 이름 정의하면 수식에 셀 주소 대신 이름을 입력할 수 있어서 수식이 간단해집니다.
- 이름 정의는 범위를 지정하고 이름 상자에 정의할 이름을 입력한 후 Enter 를 누르면 됩니다.
- [수식] 탭 – [정의된 이름] 그룹 – [선택 영역에서 만들기]를 클릭하면, 셀 주소를 일일이 입력하지 않고 여러 개의 이름 정의를 쉽게 입력할 수 있습니다.

⏳ **1분만요! 누나IT의 1분 영상 강의**

 누나IT 유튜브 채널에서 <이름 정의만 잘해도 엑셀이 쉬워집니다> 영상 강의를 시청하고 엑셀 기능을 복습해보세요.

QR 코드 인식이 어렵다면 유튜브 검색창에 누나아이티 이름 정의를 검색하세요.

COUNTIF 함수로
조건에 맞는
셀 개수를 세자

 **시작해볼까요?** 실습 파일 5장/03_COUNTIF 함수.xlsx

> COUNTIF 함수는 COUNT에 IF가 붙어 있습니다. 4장에서 배운 IF는 조건 함수인데, COUNTIF 함수는 지정한 범위에서 조건을 만족하는 셀의 개수를 세어줍니다. COUNTIF 함수를 알아봅시다.

COUNTIF 함수 사용하기

실습 파일의 야유회 참여명단에는 '인사부', '영업부', '관리부' 등 여러 부서가 섞여 있습니다. 부서별 참석인원을 알아보기 위해 COUNTIF 함수를 사용해보겠습니다.

먼저 '인사부' 인원을 구해보겠습니다. [G9] 셀을 클릭하고 **=COUNTIF**를 입력한 후 Tab 을 누르세요. 이어서 Ctrl + A 를 누르면 [함수 인수] 대화상자가 나타납니다.

TIP Ctrl + A 를 누르면 [함수 인수] 대화상자가 열립니다. [함수 인수]에서 각 값의 의미를 쉽게 안내해주어 실수 없이 함수를 입력할 수 있습니다.

[함수 인수] 대화상자에서 [Range]에는 값을 확인할 범위를 지정합니다. 부서명이 입력된 [C열]을 기준으로 부서명을 셀 거니까, [C4] 셀부터 [C16] 셀까지 드래그해서 범위를 지정합니다.

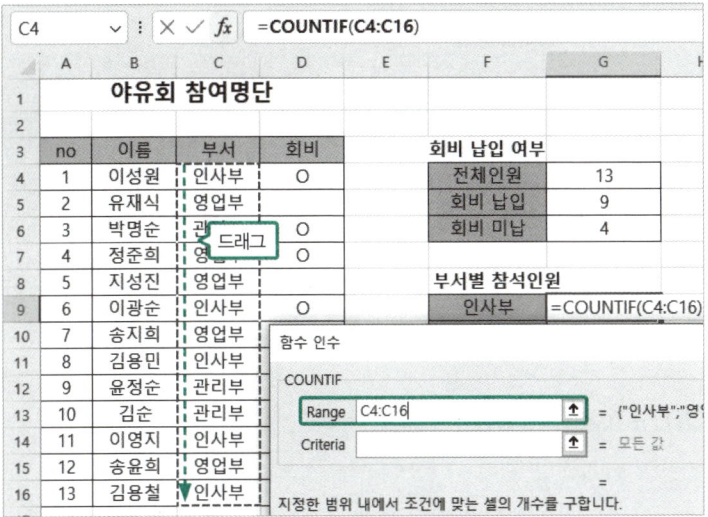

Tab을 누르면 커서가 다음 칸인 [Criteria]로 이동합니다. [Criteria]에는 지정한 범위에서 어떤 값을 셀 건지를 입력하면 됩니다. 범위 내에서 '인사부'가 몇 개인지 셀 거니까 인사부가 적힌 [F9] 셀을 클릭하고 [확인]을 클릭합니다. 인사부 인원인 '5'가 구해집니다.

=COUNTIF(C4:C16,F9)

영업부 참석인원도 같은 방식으로 구해보세요. [G10] 셀에 들어갈 완성된 수식은 다음을 참고하세요.

=COUNTIF(C4:C16,F10)

절대 참조로 범위 지정하기

관리부 참석인원은 영업부 [G10] 셀의 채우기 핸들을 이용해서 구해보겠습니다. [G10] 셀의 채우기 핸들을 더블클릭합니다.

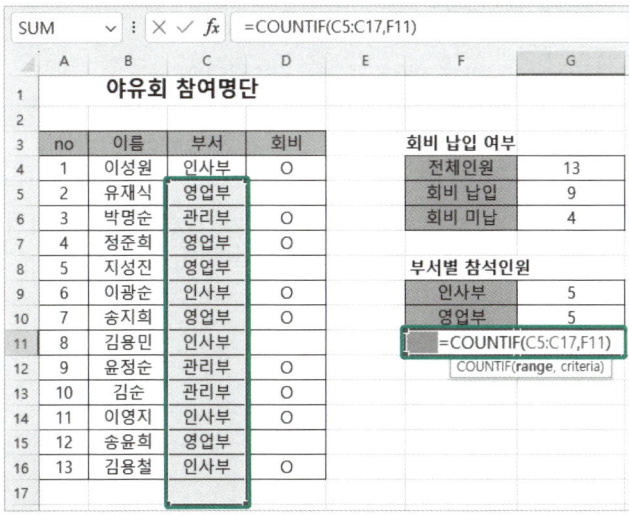

[G11] 셀을 더블클릭해서 범위와 조건이 맞게 지정되었는지 확인해보겠습니다. 범위가 [C4] 셀부터 [C16] 셀까지 지정되어야 하는데, 한 칸씩 범위가 밀려나서 [C5] 셀부터 [C17] 셀까지 지정되었어요.

앞서 배운 절대 참조를 사용해서 범위를 고정하겠습니다. 입력한 수식을 모두 지우고 절대 참조를 이용해서 부서별 인원수를 다시 구해볼게요. [G9] 셀부터 [G11] 셀까지 드래그한 후 Delete 를 눌러서 값을 삭제합니다.

[G9] 셀을 클릭합니다. **=COUNTIF**라고 입력한 후 Tab 을 누르고 Ctrl + A 를 누릅니다. [함수 인수] 대화상자의 [Range] 칸에는 [C4] 셀부터 [C16] 셀까지 드래그해서 범위를 지정합니다.

이 상태에서 범위를 고정할 때 사용하는 절대 참조의 단축키 F4 를 눌러주세요. 절대 참조를 만들어주는 $ 기호가 붙어서 범위가 **$C$4:$C$16**으로 바뀝니다.

[Criteria] 칸을 클릭한 후 [F9] 셀을 클릭하고 Enter 를 누르세요. 인사부 인원 '5'가 구해집니다.

=COUNTIF($C$4:$C$16,F9)

TIP [F9] 셀은 채우기 핸들을 사용할 때 [영업부], [관리부] 셀을 지정해야 하므로 절대 참조를 적용하지 않습니다.

나머지 부서별 참석인원도 구하기 위해서 [G9] 셀의 채우기 핸들을 드래그해서 [G11] 셀까지 수식을 복사하세요. 부서별 참석인원이 구해집니다.

5장 함수 제대로 써먹기 **191**

범위와 조건이 맞게 지정되었는지 확인해보기 위해서 [G11] 셀을 더블클릭해보겠습니다. 범위는 절대 참조로, 조건은 'F11'로 정확하게 입력된 것을 확인할 수 있습니다.

정리해볼까요?

- COUNTIF 함수는 내가 원하는 조건을 충족하는 셀의 개수를 세줍니다.

⏳ 1분만요! 누나IT의 1분 영상 강의

누나IT 유튜브 채널에서 **<아직도 일일이 세시나요 COUNTIF로 해결>** 영상 강의를 시청하고 엑셀 기능을 복습해보세요.

QR 코드 인식이 어렵다면 유튜브 검색창에 **누나아이티 COUNTIF**를 검색하세요.

SUMIF 함수로
원하는 값만 더하자

 **시작해볼까요?**　　　　　　　　　　실습 파일 5장/04_SUMIF 함수.xlsx

앞서 학습한 COUNTIF 함수가 조건에 맞는 셀 개수를 세는 함수였다면, SUMIF 함수는 특정 범위에서 조건에 맞는 값을 더해주는 함수입니다. SUMIF 함수에 대해 알아봅시다.

SUMIF 함수 사용하기

실습 파일에 있는 1월 매출현황 표를 제품 분류별로 통계를 내보려고 합니다. 이때 티셔츠, 바지, 스커트 등의 매출을 분류별로 일일이 찾아서 더하는 것은 매우 비효율적입니다. SUMIF 함수를 사용해서 빠르게 값을 구해볼까요?

티셔츠 총수량부터 구해보죠. 티셔츠의 총수량이 입력된 [J4] 셀을 클릭합니다. **=SUMIF**를 입력한 후 Tab 을 누르고 이어서 Ctrl + A 를 누릅니다. [함수 인수] 대화상자가 나타납니다.

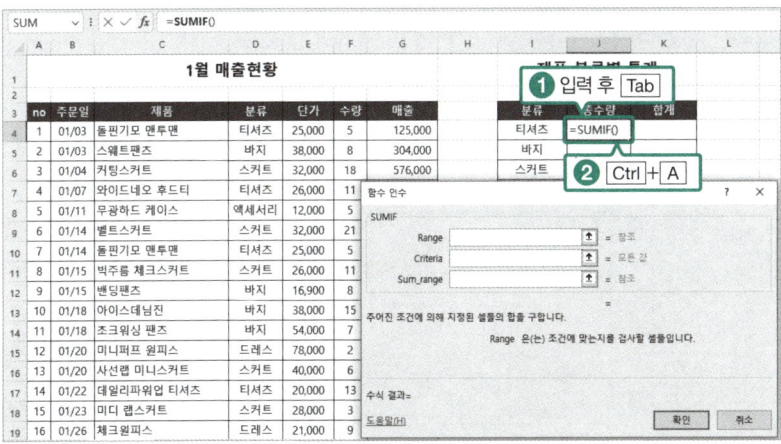

첫 번째 칸인 [Range]에는 조건을 적용할 범위를 입력합니다. [Range] 칸을 클릭하고 [D4] 셀부터 [D35] 셀까지 드래그해서 범위를 지정합니다.

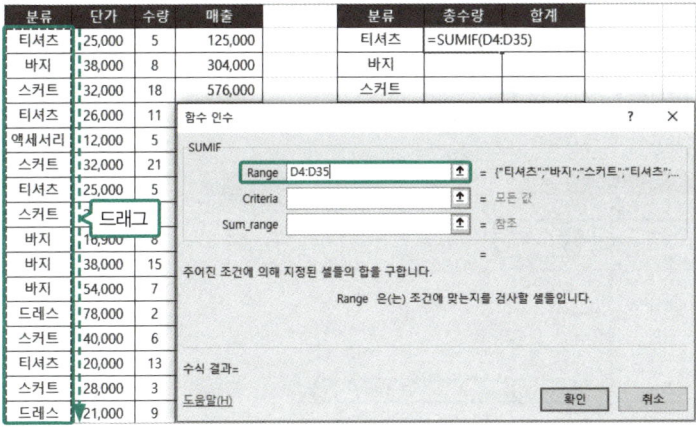

이 범위에서 '티셔츠'에 해당하는 수량만 더할 거니까 [Criteria] 칸에는 티셔츠가 적힌 [I4] 셀을 클릭합니다.

5장 함수 제대로 써먹기 **195**

그 다음 칸은 [Sum_range]인데 SUM 함수로 더해야 하는 범위를 의미하므로 꼭 숫자 범위를 지정해야 합니다. 티셔츠의 수량이 입력된 [F4] 셀부터 [F35] 셀까지 드래그해서 범위를 지정합니다. 마지막으로 [함수 인수] 대화상자의 [확인]을 클릭하세요. 적용한 함수를 함수식으로 정리하면 다음과 같습니다.

=SUMIF(D4:D35,I4,F4:F35)

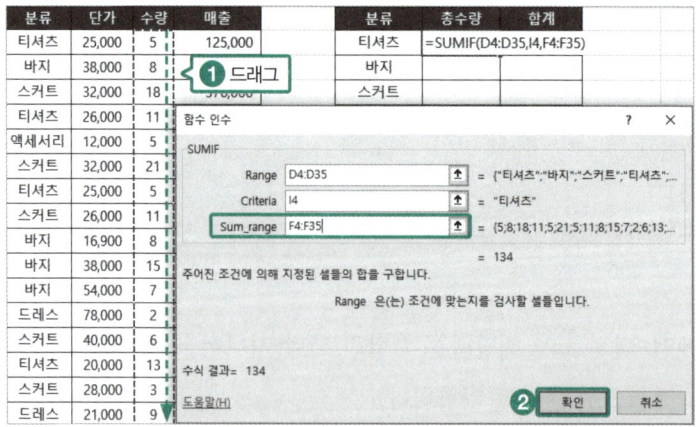

[J4] 셀에 134가 표시되었어요.

범위를 지정할 때 방향키 사용하기

바지, 스커트 등 나머지 제품의 수량도 구하고 싶은데, 바로 채우기 핸들을 더블클릭하면 될까요? 안 됩니다. 조건을 적용할 범위는 절대 참조로 지정해야 해요. 절대 참조를 걸지 않으면 채우기 핸들을 적용할 때 범위가 한 칸씩 밀려납니다.

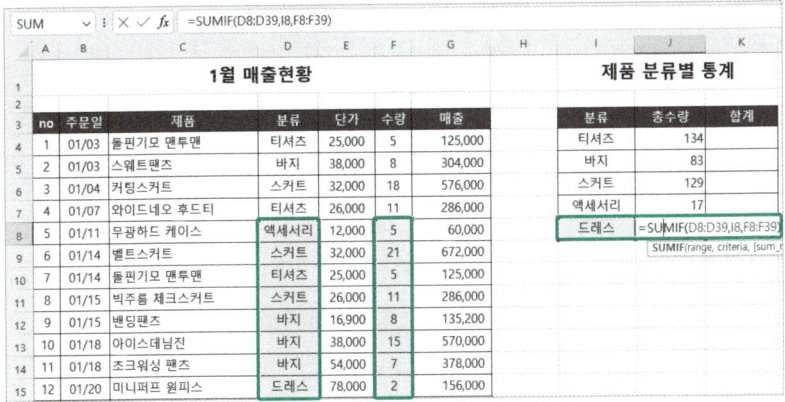

티셔츠부터 다시 구해볼까요? [J4] 셀을 클릭하고 =SUMIF를 입력한 후 Tab 을 누르고 Ctrl + A 를 누르면 [함수 인수] 대화상자가 나타납

5장 함수 제대로 써먹기 **197**

니다. [Range] 칸에 범위를 지정해야겠죠? 범위를 지정할 때는 마우스로 드래그해도 되지만 단축키를 사용하면 더 편해요. [D4] 셀을 클릭한 후 Ctrl+Shift+아래쪽 방향키 ↓를 누르면 [D4] 셀부터 [D35] 셀까지 범위가 지정됩니다.

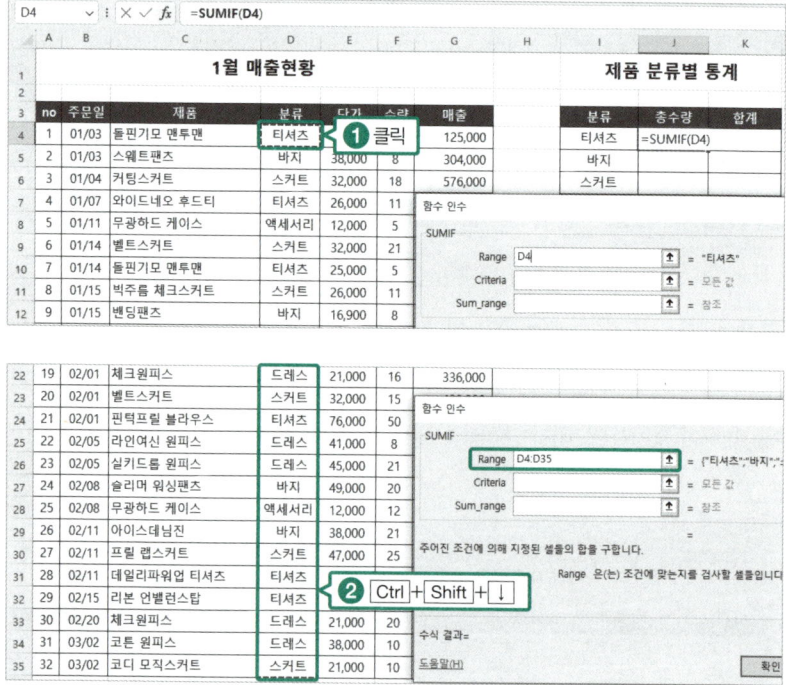

이 범위를 절대 참조로 지정해야 하는데, 절대 참조 단축키가 기억나시나요? F4였습니다. 범위가 지정된 상태에서 F4를 눌러서 절대 참조 범위인 $D$4:$D$35로 변경하세요.

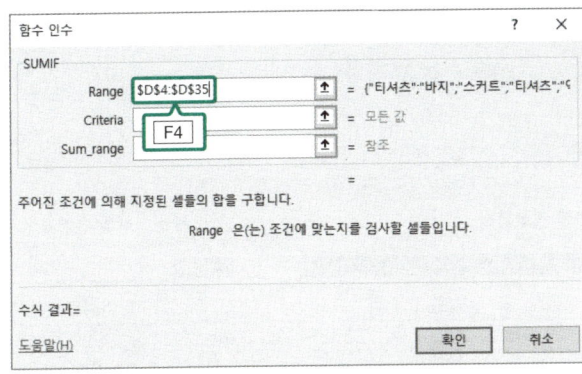

[Criteria] 칸을 클릭한 후 '티셔츠'가 입력된 [I4] 셀을 클릭하세요. [Sum_range] 칸을 클릭하고 [F4] 셀을 클릭한 후. Ctrl+Shift+아래쪽 방향키 ↓ 를 누르면 [F4] 셀부터 [F35] 셀까지 범위가 지정됩니다. 범위도 절대 참조로 지정해야 하니까 단축키 F4 를 눌러주세요. 이제 [확인]을 클릭하면 티셔츠의 총수량이 구해집니다.

=SUMIF($D$4:$D$35,I4,$F$4:$F$35)

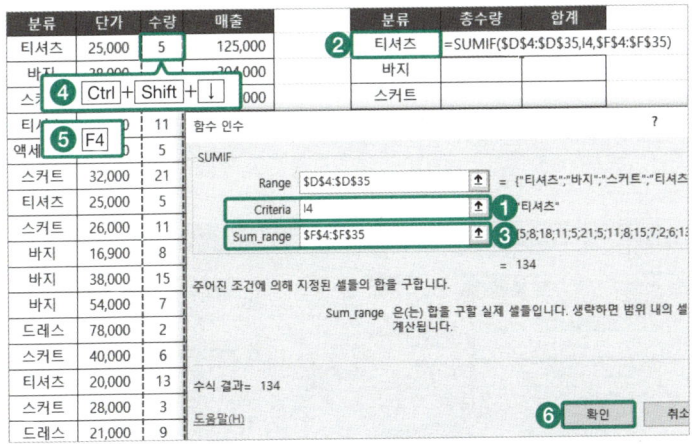

이제 채우기 핸들을 사용해서 나머지 제품의 총수량을 구하겠습니다. [J4] 셀의 채우기 핸들을 더블클릭하세요. 총수량이 구해집니다.

이름 정의로 SUMIF 함수를 더 쉽게 사용하기

앞서 배운 이름 정의를 활용하면 SUMIF 함수를 더 쉽게 사용할 수 있습니다. 표 안에 있는 셀을 하나 클릭하세요. 이 상태에서 Ctrl + A 를 누르면 전체 표 범위가 지정됩니다.

🔍 여러 셀에 이름 정의하기 176쪽

TIP Ctrl + A 를 누르면 셀 포인터가 있는 표의 전체 범위가 선택됩니다.

[수식] 탭 - [정의된 이름] 그룹 - [선택 영역에서 만들기]를 클릭합니다. [선택 영역에서 이름 만들기] 대화상자에서 [첫 행]만 체크하세요. [확인]을 클릭하면 표의 열 범위마다 이름이 정해집니다.

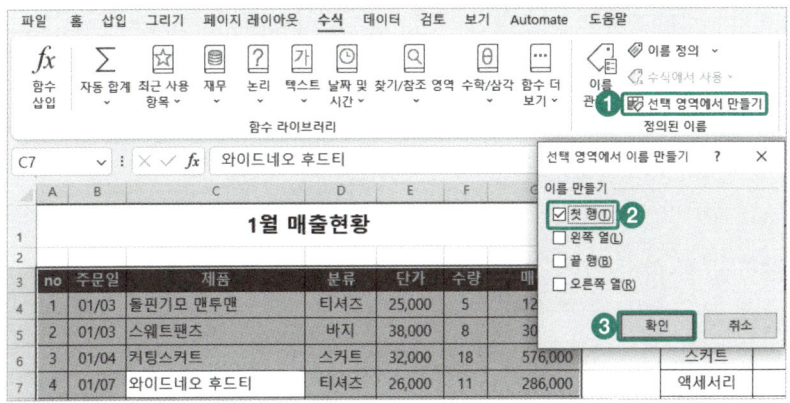

이름이 정의된 걸 어떻게 알 수 있었죠? 이름 상자를 클릭해보면 알 수 있습니다. 이름 상자의 목록 버튼을 클릭하세요. 표의 첫 행이 이름 상자에 목록으로 표시되네요.

티셔츠의 1월 매출 합계를 구해볼게요. [K4] 셀을 클릭하고 **=SUMIF**를 입력한 후 Tab 을 누르세요. 이어서 Ctrl + A 를 누르면 [함수 인수] 대화상자가 나타납니다.

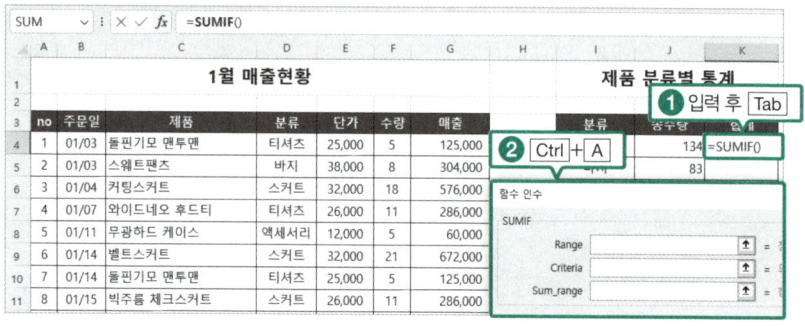

[Range] 칸에는 [D4] 셀부터 [D35] 셀까지 범위를 지정해야 하는데, 이미 '분류'라고 이름 정의를 해두었죠? [Range] 칸에 **분류**라고 입력하세요.

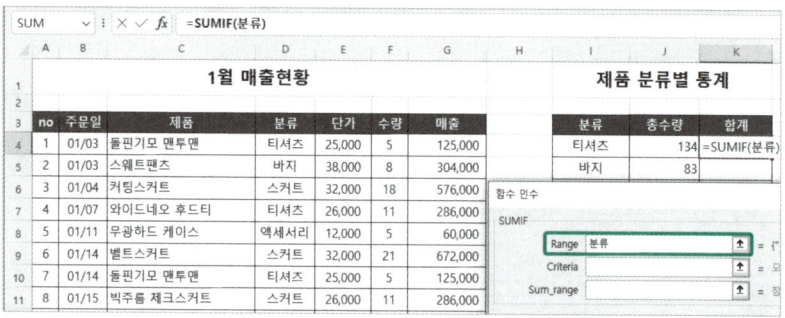

[Criteria] 칸은 [I4] 셀을 클릭합니다. [Sum_range] 칸도 범위를 드래그하지 않고 이름 정의해둔 **매출**을 입력하면 됩니다. [확인]을 클릭하면 티셔츠의 매출 합계가 구해집니다.

=SUMIF(분류,I4,매출)

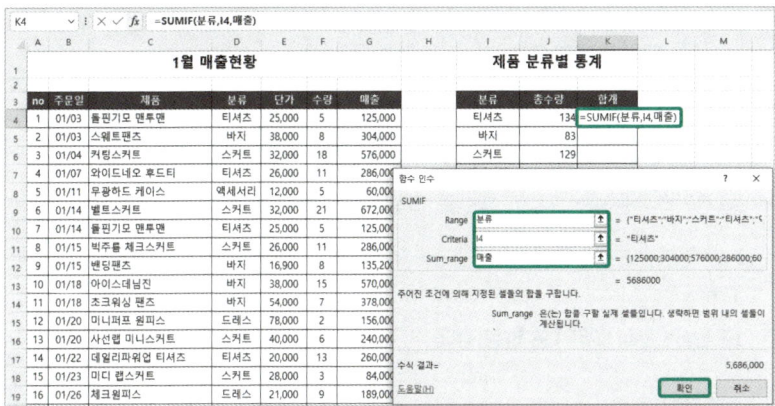

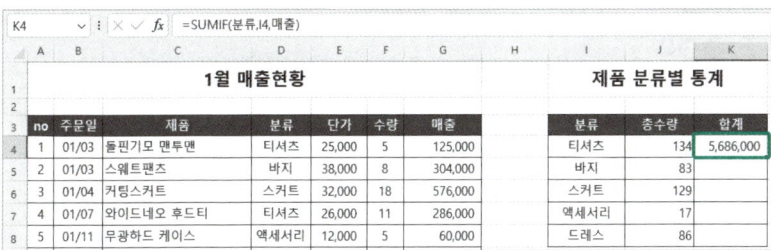

나머지 제품의 매출 합계는 [K4] 셀의 채우기 핸들을 더블클릭해서 구할 수 있습니다.

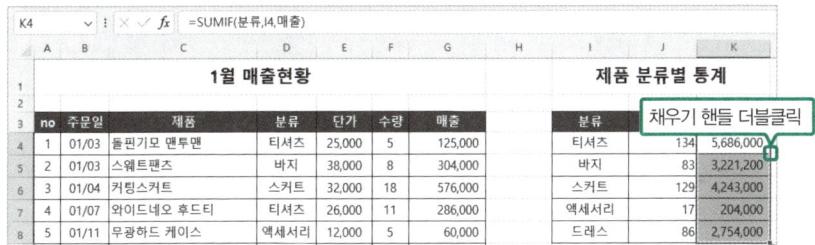

5장 함수 제대로 써먹기 **203**

정리해볼까요?

- SUMIF 함수는 내가 원하는 조건에 맞는 셀의 합계를 구해줍니다.
- 이름 정의를 사용하면 SUMIF 함수를 더 쉽게 사용할 수 있습니다.

⏳ 1분만요! 누나IT의 1분 영상 강의

누나IT 유튜브 채널에서 **<엑셀 초보 탈출! SUMIF로 쉽게 데이터 합계 구하기>** 영상 강의를 시청하고 엑셀 기능을 복습해보세요.

QR 코드 인식이 어렵다면 유튜브 검색창에 누나아이티 SUMIF를 검색하세요.

6장

데이터를 정렬하고
원하는 정보 찾기

엑셀 데이터 입력 시 알아야 할 여섯 가지 핵심 사항

 **시작해볼까요?**

실습 파일 6장/01_표 입력.xlsx

엑셀에서 데이터를 입력할 때 몇 가지 중요한 원칙을 지키면 이후 작업이 훨씬 간편해지고 오류를 줄일 수 있습니다. 엑셀에서 데이터 입력 시 꼭 알아두어야 할 여섯 가지 핵심 사항을 알아봅시다.

첫째, 열 머리글을 입력하자

표를 작성할 때는 항상 열 머리글이 있어야 합니다. 실습 파일에서 [Sheet1] 시트의 [3행]을 보면 열 머리글이 잘 작성되어 있어요.

no	년	월	일	제품	분류	지점	구분	단가	수량	매출
12	2024	1	20	미니퍼프 원피스		잠원점	반품	78000	2개	78,000
16	2024	9	21	체크원피스		잠원점	출고	21000	9개	21,000
19	2025	7	3	체크원피스		내곡점	출고	21000	16개	21,000

6장 데이터를 정렬하고 원하는 정보 찾기

나쁜 사례를 살펴볼까요? [Sheet2] 시트를 클릭해보면 [Sheet1] 시트의 열 머리글이 모두 [A열]에 입력된 것을 알 수 있어요. 이렇게 오른쪽 방향으로 데이터를 쌓으면 엑셀의 데이터 기능을 전혀 사용할 수 없습니다.

	A	B	C	D	E	F	G	H
1								
2								
3	no	12	16	19	22	23	30	31
4	주문일	2019-01-20	2019-09-21	2020-07-03	2020-01-10	2020-08-31	2020-11-10	2020-02-24
5	제품	미니퍼프 원피스	체크원피스	체크원피스	라인여신 원피스	실키드롭 원피스	체크원피스	코튼 원피스
6	분류	드레스	드레스	드레스	드레스	드레스	드레스	드레스
7	지점	잠원점	잠원점	내곡점	방배점	반포점	온수점	내곡점
8	구분	반품	출고	출고	반품	반품	출고	출고

==표를 작성할 때는 오른쪽 방향으로 열 머리글을 입력하고, 데이터는 아래쪽 방향으로 입력해야 합니다.==

둘째, 날짜는 날짜 형식으로 하나의 셀에 입력하자

[Sheet1] 시트의 거래내역 표에는 년, 월, 일이 각각 셀에 따로 입력되어 있어요. 그러나 이렇게 날짜를 나눠서 입력하면 엑셀에서 날짜 데이터를 제대로 인식할 수 없습니다.

	A	B	C	D	E
1					
2					
3	no	년	월	일	제품
4	12	2024	1	20	미니퍼프 원피스
5	16	2024	9	21	체크원피스
6	19	2025	7	3	체크원피스
7	22	2025	1	10	라인여신 원피스

날짜는 하나의 셀에 입력해야 합니다. '1월 20일'을 입력하려면 셀에 1-20이나 1/20을 입력합니다. 연도까지 함께 표시하려면 2025-1-20 처럼 입력하면 됩니다.

셋째, 셀을 병합하지 말자

표 제목을 입력할 때 [홈] 탭 – [맞춤] 그룹 – [병합하고 가운데 맞춤圍]을 사용하여 셀을 병합하고 제목을 중앙에 정렬하는 경우가 많습니다.

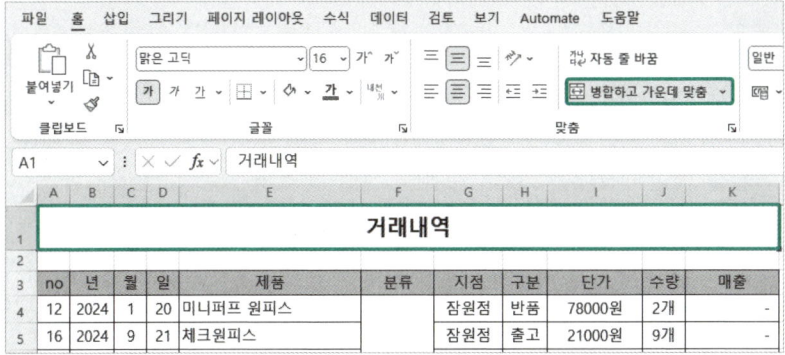

그러나 병합된 셀이 있으면 범위를 지정할 때 제대로 되지 않고, 데이터 관리 시 오류가 발생할 수 있으므로 표를 작성할 때는 셀을 병합하지 않아야 합니다. 병합된 셀은 [병합하고 가운데 맞춤圍]을 다시 클릭해서 원래대로 나눠줍니다.

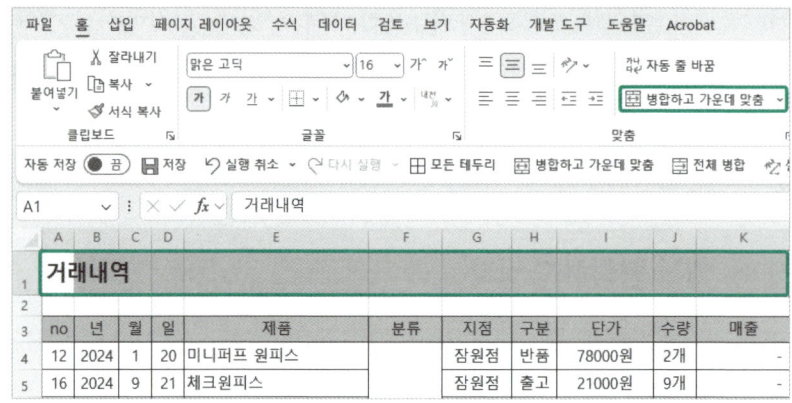

조금 더 가볼까요? 셀 병합하지 않고 표 제목을 가운데에 표시하기

셀을 병합하지 않고 표의 제목을 선택 영역의 가운데에 배치하는 방법을 알아보겠습니다. 제목을 가운데에 표시할 영역인 [A1] 셀부터 [K1] 셀까지 범위를 지정한 후, [홈] 탭 - [맞춤] 그룹 - [맞춤 설정]을 클릭합니다.

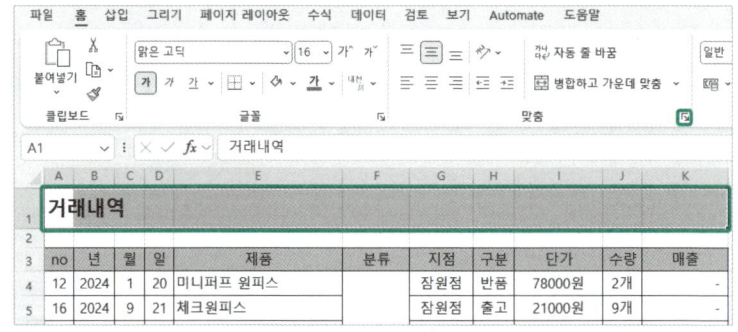

[셀 서식] 대화상자가 표시되면 [맞춤] 탭의 [가로]에서 [선택 영

역의 가운데로]를 클릭하고 [확인]을 클릭합니다.

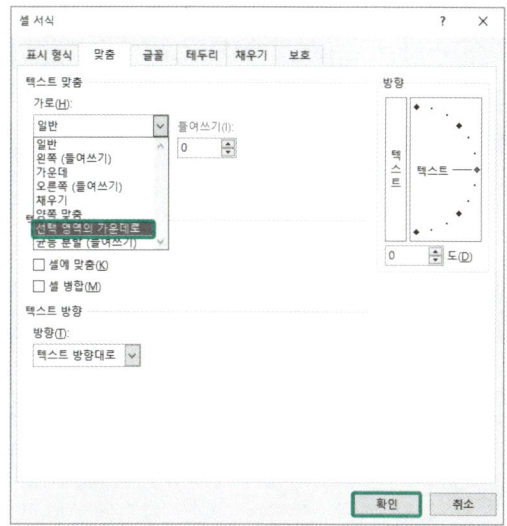

셀을 병합하지 않았는데도 제목이 가운데에 표시됩니다.

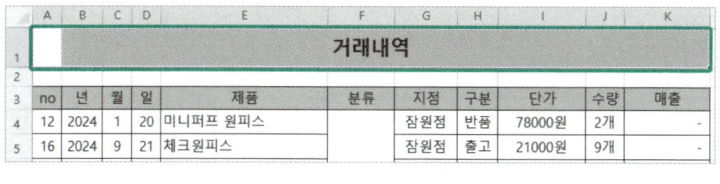

넷째, 셀을 비워두지 말자

거래내역 표의 [분류] 열처럼 동일한 데이터가 연속적으로 나와도 셀을 병합하거나 한 셀에만 내용을 입력해서는 안 됩니다.

	A	B	C	D	E	F	G	H	I	J	K
3	no	년	월	일	제품	분류	지점	구분	단가	수량	매출
4	12	2024	1	20	미니퍼프 원피스		잠원점	반품	78000원	2개	-
5	16	2024	9	21	체크원피스		잠원점	출고	21000원	9개	
6	19	2025	7	3	체크원피스		내곡점	출고	21000원	16개	
7	22	2025	1	10	라인여신 원피스	드레스	방배점	반품	41000원	8개	
8	23	2025	8	31	실키드롭 원피스		반포점	반품	45000원	21개	
9	30	2025	11	10	체크원피스		온수점	출고	32000원	21개	
10	31	2025	2	24	코튼 원피스		내곡점	출고	25000원	5개	
11	2	2024	2	24	스웨트팬츠		구로점	출고	38000원	8개	
12	9	2024	6	20	밴딩팬츠		잠원점	출고	16900원	8개	
13	10	2024	2	22	아이스데님진		양재점	반품	38000원	15개	
14	11	2024	12	12	초크워싱 팬츠	바지	구로점	반품	54000원	7개	

[F4] 셀부터 [F35] 셀까지 드래그한 후 [병합하고 가운데 맞춤圄]을 클릭하면 셀 병합이 취소됩니다. [분류] 열의 첫 번째 셀에만 데이터가 입력되었어요. 나머지 셀도 '드레스'와 '바지'를 모두 입력해주어야 합니다. 데이터를 제대로 관리하려면 빈 셀을 모두 채워야 하는 걸 잊지 마세요.

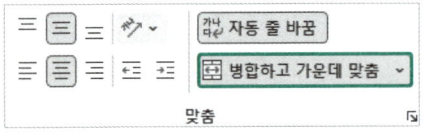

	A	B	C	D	E	F	G	H	I	J	K
3	no	년	월	일	제품	분류	지점	구분	단가	수량	매출
4	12	2024	1	20	미니퍼프 원피스	드레스	잠원점	반품	78000원	2개	-
5	16	2024	9	21	체크원피스		잠원점	출고	21000원	9개	
6	19	2025	7	3	체크원피스		내곡점	출고	21000원	16개	
7	22	2025	1	10	라인여신 원피스		방배점	반품	41000원	8개	
8	23	2025	8	31	실키드롭 원피스		반포점	반품	45000원	21개	
9	30	2025	11	10	체크원피스		온수점	출고	32000원	21개	
10	31	2025	2	24	코튼 원피스		내곡점	출고	25000원	5개	
11	2	2024	2	24	스웨트팬츠	바지	구로점	출고	38000원	8개	
12	9	2024	6	20	밴딩팬츠		잠원점	출고	16900원	8개	
13	10	2024	2	22	아이스데님진		양재점	반품	38000원	15개	
14	11	2024	12	12	초크워싱 팬츠		구로점	반품	54000원	7개	
15	18	2025	12	7	하이웨이스트 레깅스		온수점	출고	14000원	4개	

다섯째, 숫자 셀에 문자를 함께 입력하지 말자

[단가] 열이나 [수량] 열처럼 숫자를 입력해야 하는 셀에는 문자가 함께 입력되면 안 됩니다. 문자가 포함되면 해당 데이터를 숫자로 인식하지 못해서 함수가 정상적으로 계산되지 않습니다.

실습 파일에서 [매출] 열은 PROUDUCT 함수가 입력되어 있습니다. PRODUCT 함수는 지정한 셀에 있는 숫자를 곱해줍니다. 즉, [매출] 열은 PRODUCT 함수에 의해 [단가] 열과 [수량] 열의 값을 곱해서 계산합니다. 그런데 [단가] 열과 [수량] 열에 문자가 있어서 해당 값을 숫자로 인식하지 못해 오류가 발생하여 계산되지 않았습니다. 이처럼 숫자 셀에는 숫자만 입력하고, 단위 표시는 '사용자 지정 표시 형식'을 이용해서 입력하길 바랍니다.

함수가 입력된 셀에 단위 표시하기 158쪽

여섯째, 여러 정보를 하나의 셀에 입력하지 말자

실습 파일에서 [급여] 시트를 클릭해볼게요. [A열]에 이름과 직책이 하나의 셀에 모두 입력되어 있어서 이사, 부장, 차장 등 직책별로 데이터를 분류할 수 없어요.

	A	B	C	D	E
1			7월 직원 급여대장		
2					
3	이름	부서	기본급	세금 공제	실수령액
4	김강훈부장	영업부	6,500,000	650,000	5,850,000
5	김경미부장	영업부	6,200,000	620,000	5,580,000
6	김경미부장	홍보부	5,500,000	550,000	4,950,000
7	김동철차장	홍보부	5,900,000	590,000	5,310,000
8	김명옥이사	글로벌사업부	5,500,000	550,000	4,950,000
9	김정원이사	글로벌사업부	5,500,000	550,000	4,950,000

하나의 셀에는 하나의 정보만 나타낼 수 있도록 데이터를 입력해주세요.

정리해볼까요?

- 엑셀에서 표 데이터를 입력할 때 다음 여섯 가지를 유의해야 합니다.
- 첫째, 표에 열 머리글을 오른쪽 방향으로 작성하세요.
- 둘째, 날짜는 날짜 형식으로 입력하세요.
- 셋째, 셀은 병합하지 마세요.
- 넷째, 셀은 비워두지 마세요.
- 다섯째, 숫자 셀에는 숫자만 입력하세요.
- 여섯째, 두 개 이상의 정보는 각각의 셀에 구분하여 입력하세요.

데이터를 보기 좋게 정렬하자

 **시작해볼까요?** 실습 파일 6장/02_정렬.xlsx

데이터는 오름차순과 내림차순으로 정렬할 수 있습니다. 오름차순은 1부터 10, ㄱ부터 ㅎ, A부터 Z 등 낮은 순서에서 높은 순서로 정렬합니다. 내림차순은 반대로 높은 순서에서 낮은 순서로 정렬합니다. 데이터를 정렬하는 방법을 알아봅시다.

오름차순으로 정렬하기

실습 파일은 직원 명부 데이터입니다. 입사일을 기준으로 근속년수가 긴 순서대로 정렬해보겠습니다. 회사를 오래 다닌 직원일수록 입사일이 더 예전이겠죠? [입사일] 열을 오름차순으로 정렬하면 됩니다.

TIP 입사일을 오름차순으로 정렬하면 나머지 데이터도 함께 정렬됩니다.

	A	B	C	D	E	F
1	입사일	이름	직급	부서	주민번호	근속년수
2	2012-01-31	엄형흠	과장	총무부	820209-2*****	12년
3	2012-08-13	안진호	과장	기술부	720207-2*****	12년
4	2017-01-15	유재식	과장	영업부	650210-2*****	7년
5	2017-06-16	곽상준	과장	기술부	800131-1*****	7년
6	2016-04-27	전현모	과장	영업부	760809-1*****	8년
7	2017-06-16	이종성	과장	기술부	720207-2*****	7년

오름차순과 내림차순 정렬을 하려면 [홈] 탭 – [편집] 그룹 – [정렬 및 필터]를 클릭하고 하위 메뉴에서 [텍스트 오름차순 정렬], 혹은 [텍스트 내림차순 정렬]을 클릭합니다.

TIP [텍스트 오름차순 정렬]과 [텍스트 내림차순 정렬]은 [데이터] 탭 – [정렬 및 필터] 그룹에도 있습니다.

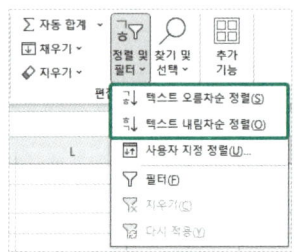

'입사일'을 기준으로 정렬하겠습니다. 표에서 '입사일'이라고 입력된 [A1] 셀을 클릭한 후 [홈] 탭 – [편집] 그룹 – [정렬 및 필터]를 클릭합니다. 하위 메뉴에서 [텍스트 오름차순 정렬]을 클릭하세요.

입사일이 2012년, 2015년…과 같은 순서로 표가 정렬되었습니다.

	A	B	C	D	E	F
1	입사일	이름	직급	부서	주민번호	근속년수
2	2012-01-31	엄형흠	과장	총무부	820209-2*****	12년
3	2012-01-31	강지진	부장	기술부	701021-1*****	12년
4	2012-01-31	박준일	부장	영업부	690702-3*****	12년
5	2012-01-31	최동훈	부장	마케팅부	700210-2*****	12년
6	2012-01-31	김학기	차장	기술부	720207-2*****	12년
7	2012-04-04	이광순	부장	영업부	790702-3*****	12년
8	2012-08-05	김용민	차장	마케팅부	760131-1*****	12년
9	2012-08-13	안진호	과장	기술부	720207-2*****	12년
10	2012-08-13	최승문	차장	마케팅부	751220-2*****	12년
11	2015-03-04	임성훈	대리	총무부	800131-1*****	9년
12	2015-03-04	임성주	대리	영업부	701021-1*****	9년
13	2015-03-04	최상헌	대리	기술부	800131-1*****	9년
14	2016-03-02	김기성	부장	영업부	660809-1*****	8년
15	2016-04-27	전현모	과장	영업부	760809-1*****	8년

내림차순으로 정렬하기

이번에는 연봉이 높은 순서로 정렬해보겠습니다. [연봉] 열을 기준으로 내림차순으로 정렬하면 됩니다.

우선 '연봉'이라고 입력된 [G1] 셀을 클릭한 후 [홈] 탭 – [편집] 그룹 – [정렬 및 필터]를 클릭합니다. 하위 메뉴에서 [텍스트 내림차순 정렬]을 클릭하세요.

	A	B	C	D	E	F	G
1	입사일	이름	직급	부서	주민번호	근속년수	연봉
2	2012-01-31	엄형흠	과장	총무부	820209-2*****	12년	68,000,000
3	2012-01-31	강지진	부장	기술부	701021-1*****	12년	76,000,000
4	2012-01-31	박준일	부장	영업부	690702-3*****	12년	72,000,000
5	2012-01-31	최동훈	부장	마케팅부	700210-2*****	12년	58,000,000
6	2012-01-31	김학기	차장	기술부	720207-2*****	12년	58,000,000
7	2012-04-04	이광순	부장	영업부	790702-3*****	12년	65,000,000

연봉이 높은 순서에서 낮은 순서로 표가 정렬되었습니다.

	A	B	C	D	E	F	G
1	입사일	이름	직급	부서	주민번호	근속년수	연봉
2	2017-01-27	손제일	부장	기술부	651220-2*****	7년	78,000,000
3	2012-01-31	강지진	부장	기술부	701021-1*****	12년	76,000,000
4	2017-06-17	김택국	차장	영업부	790702-3*****	7년	76,000,000
5	2012-01-31	박준일	부장	영업부	690702-3*****	12년	72,000,000
6	2012-01-31	엄형흠	과장	총무부	820209-2*****	12년	68,000,000
7	2012-04-04	이광순	부장	영업부	790702-3*****	12년	65,000,000
8	2012-08-05	김용민	차장	마케팅부	760131-1*****	12년	65,000,000
9	2012-01-31	최동훈	부장	마케팅부	700210-2*****	12년	58,000,000
10	2012-01-31	김학기	차장	기술부	720207-2*****	12년	58,000,000
11	2012-08-13	최승문	차장	마케팅부	751220-2*****	12년	53,000,000
12	2017-06-17	김승섭	차장	총무부	760809-1*****	7년	53,000,000
13	2012-08-13	안진호	과장	기술부	720207-2*****	12년	52,000,000

사용자 지정 목록으로 정렬하기

직원 명부를 직급 순서대로 정렬하되, 동일 직급에서 연봉이 높은 순서로 정렬하려면 어떻게 해야 할까요?

직급은 보통 '사원, 대리, 과장, 차장, 부장' 순서입니다. 오름차순이나 내림차순으로 정렬하면 ㄱ부터 ㅎ 순서로 정렬되니까 원하는 결과를 얻을 수 없어요. 이때는 [사용자 지정 정렬] 명령을 활용하면 됩니다.

'직급'이라고 입력된 [C1] 셀을 클릭한 후 [홈] 탭 - [편집] 그룹 - [정렬 및 필터]를 클릭합니다. 하위 메뉴에서 [사용자 지정 정렬]을 클릭하세요.

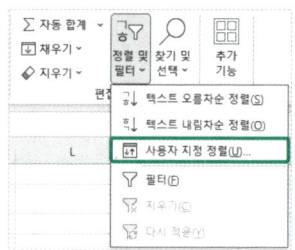

[정렬] 대화상자가 표시되면 [정렬 기준]에서 [직급]을 클릭하고, [정렬]에서 [사용자 지정 목록]을 클릭합니다.

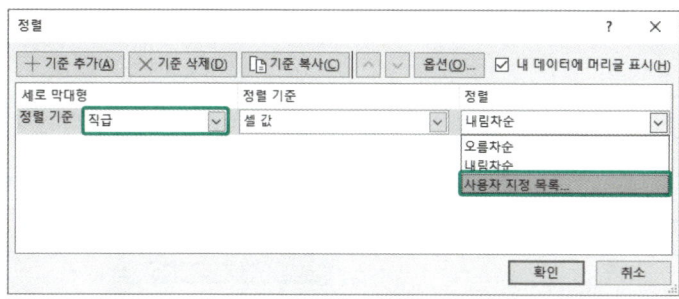

[사용자 지정 목록] 대화상자가 나타나면 [새 목록]을 클릭한 후 [목록 항목]에 정렬하고 싶은 직급 순서를 입력하세요. **사원**을 입력하고 Enter 를 누르고, **대리**를 입력하고 Enter 를 누릅니다. 동일한 방식으로 **과장**, **차장**, **부장**을 모두 입력하고 [확인]을 클릭합니다.

TIP 이렇게 [사용자 지정 목록]에 추가한 순서는 엑셀에 저장되기 때문에, 다시 목록을 입력하거나 설정할 필요 없이 언제든지 같은 기준으로 정렬할 수 있어요.

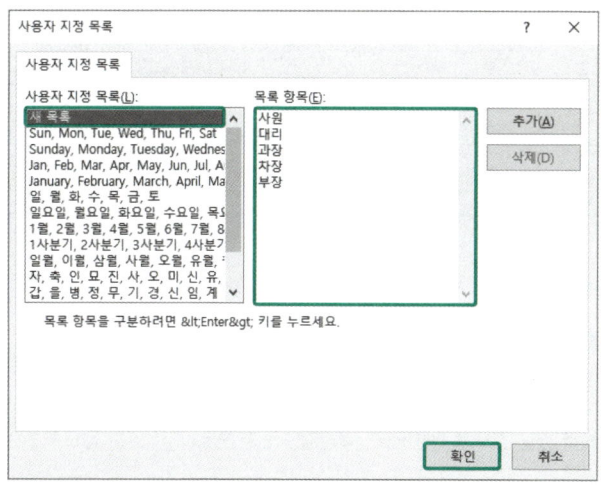

이어서 연봉 기준 내림차순 정렬도 추가해야겠죠? [정렬] 대화상자에서 [기준 추가]를 클릭하고 [다음 기준]으로 [연봉], [정렬] 항목에서

[내림차순]을 클릭합니다. [정렬] 대화상자에서 [확인]을 클릭하세요.

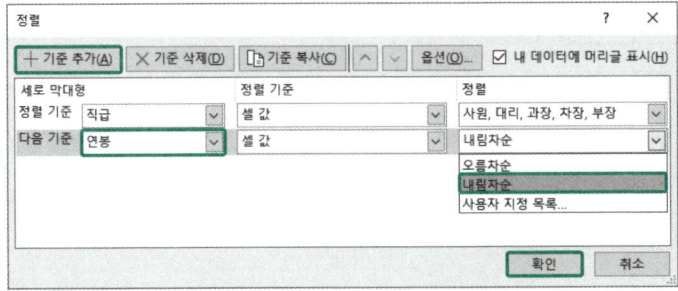

이제 표가 정렬되었습니다. 사원 직급 내 연봉이 높은 순서, 대리 직급 내 연봉이 높은 순서로 모두 정렬된 것을 확인할 수 있습니다.

 정리해볼까요?

- 오름차순은 낮은 값에서 높은 값으로 정렬되고, 내림차순은 높은 값에서 낮은 값으로 순서가 정렬됩니다.
- [사용자 지정 정렬] 명령을 사용하면 원하는 기준을 만들어서 데이터를 정렬할 수 있습니다.

필터로 원하는 데이터만 골라보자

 **시작해볼까요?**　　　　　　　　　　　　실습 파일 6장/03_필터.xlsx

필터를 사용하면 원하는 데이터만 선별해서 볼 수 있습니다. 필터를 적용하는 방법을 알아봅시다.

필터 적용하고 해제하기

실습 파일에 필터를 적용해서 원하는 데이터만 선별하겠습니다. 필터를 사용하려면 필터를 적용할 표의 임의의 셀을 클릭한 후 [데이터] 탭 – [정렬 및 필터] 그룹 – [필터 ▽]를 클릭합니다.

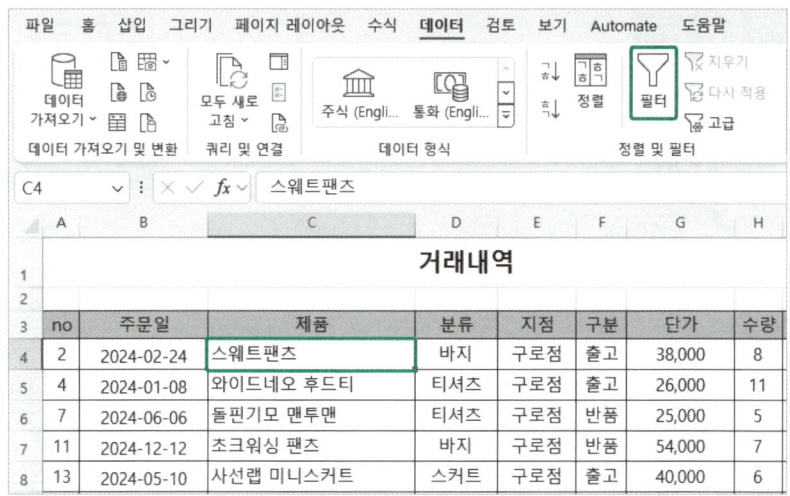

> TIP [홈] 탭 – [편집] 그룹 – [정렬 및 필터]에서 [필터]를 클릭해도 됩니다.

표의 머리글 행에 생긴 [필터 버튼▼]을 클릭하면 각 열의 조건에 따라 데이터를 정렬하거나 원하는 항목만 표시할 수 있어요.

> TIP 표 머리글 행이 아닌 다른 셀에 [필터 버튼▼]이 표시되면 표의 머리글 행을 범위로 지정한 후에 [필터▼]를 클릭합니다.

[지점] 필터를 이용해서 반포점을 찾아볼까요? [지점]의 [필터 버튼▼]을 클릭하고 [(모두 선택)]의 체크를 해제합니다. [반포점]에 체크한 후 [확인]을 클릭하세요. 필터가 적용되어 반포점의 거래내역만 보입니다.

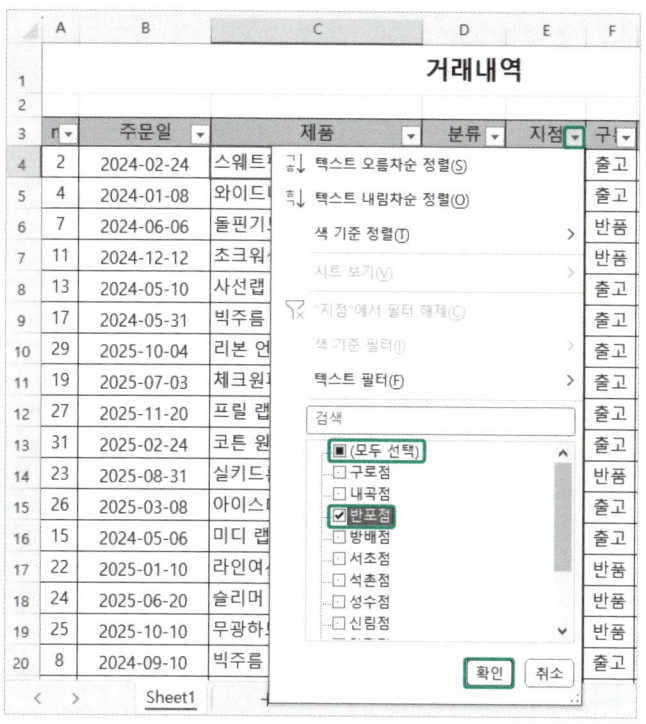

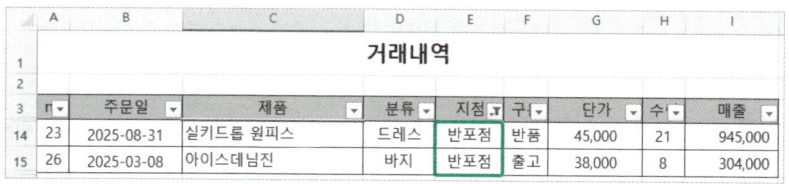

어떤 필터가 적용되었는지는 필터 버튼의 모양을 보면 알 수 있는데, 필터가 적용되면 필터 버튼이 깔때기 모양으로 바뀝니다. 지금은 [지점] 필터만 깔때기 모양으로 되어 있어요.

지정한 조건의 필터를 해지하려면 [지점]의 [깔때기 필터 버튼]을 클릭하고 [지점에서 필터 해제]를 클릭하거나 [(모두 선택)]에 체크한 후 [확인]을 클릭하세요.

6장 데이터를 정렬하고 원하는 정보 찾기 **223**

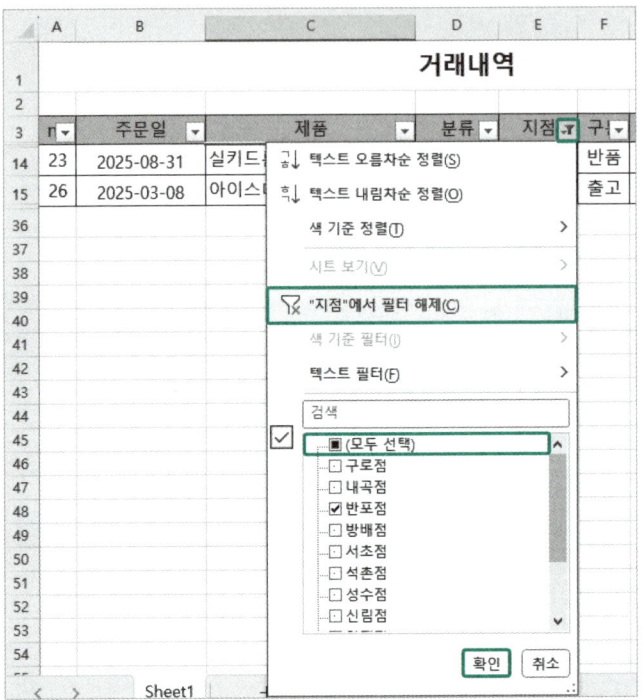

> **TIP** 지정한 조건의 필터를 해제할 때는 [데이터] 탭 – [정렬 및 필터] 그룹 – [지우기]를 클릭해도 됩니다.

이번에는 [분류]가 티셔츠이고 매출이 20만 원 이상인 데이터만 찾아보겠습니다. [분류]의 [필터 버튼]을 클릭한 후 [(모두 선택)]의 체크를 해제합니다. [티셔츠]에 체크한 후 [확인]을 클릭하세요.

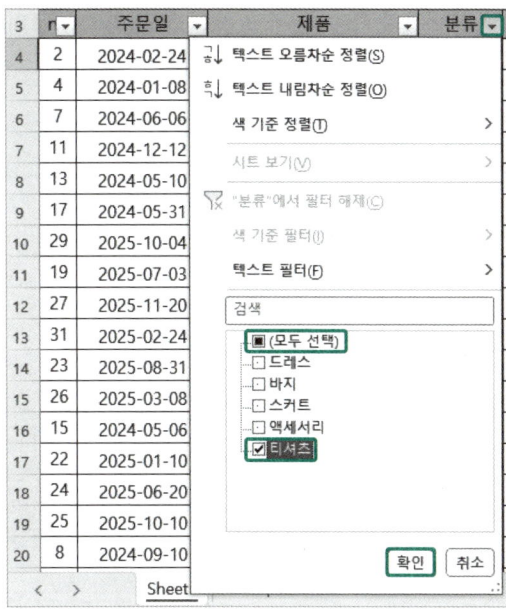

그다음 [매출]의 [필터 버튼▼]을 클릭하고 [숫자 필터]를 클릭한 후 [크거나 같음]을 클릭합니다.

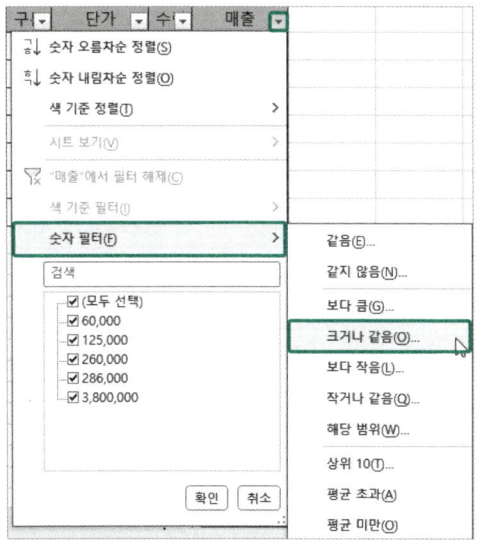

[사용자 지정 자동 필터] 대화상자에서 [매출] 조건인 **200000**을 입력하고 [확인]을 클릭합니다.

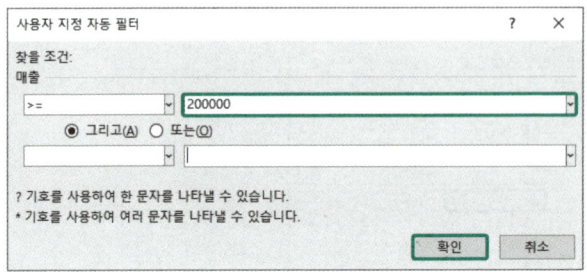

티셔츠 중에서 매출이 20만 원 이상인 데이터만 필터링되었어요. 원하는 데이터만 확인하는 방법을 알아보았습니다.

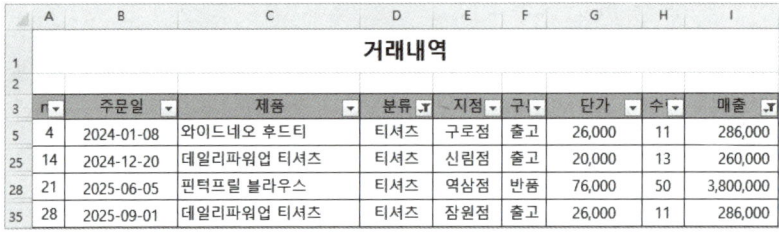

다시 원본 데이터를 확인하려면 [데이터] 탭 – [정렬 및 필터] 그룹 – [필터]를 클릭해서 걸려있는 모든 필터를 해제하면 됩니다.

다음 실습을 위해서 필터를 해제한 후 다시 [필터 버튼]을 클릭해 필터를 활성화해둡시다.

검색으로 필터링하기

필터를 이용해서 특정 단어를 검색할 수 있습니다. 제품 중에 '원피스'라는 단어가 들어간 데이터를 찾아볼게요. [제품]의 [필터 버튼▼]을 클릭한 후 [검색]에 **원피스**를 입력하고 [확인]을 클릭합니다.

[제품] 열에서 '원피스'가 포함된 셀만 보입니다.

A	B	C	D	E	F	G	H	I
			거래내역					
	주문일	제품	분류	지점	구	단가	수	매출
19	2025-07-03	체크원피스	드레스	내곡점	출고	21,000	16	336,000
31	2025-02-24	코튼 원피스	드레스	내곡점	출고	25,000	5	125,000
23	2025-08-31	실키드롭 원피스	드레스	반포점	반품	45,000	21	945,000
22	2025-01-10	라인여신 원피스	드레스	방배점	반품	41,000	8	328,000

날짜로 필터링하기

날짜도 필터링해볼까요? 지정한 조건의 필터가 있다면 모두 해제하고 다시 필터를 걸어서 실습하세요.

[주문일]의 [필터 버튼▼]을 클릭한 후 [(모두 선택)]의 체크를 해제합니다. [2024년]에만 체크하고 [확인]을 클릭하면 2024년도의 주문 건만 추출할 수 있어요.

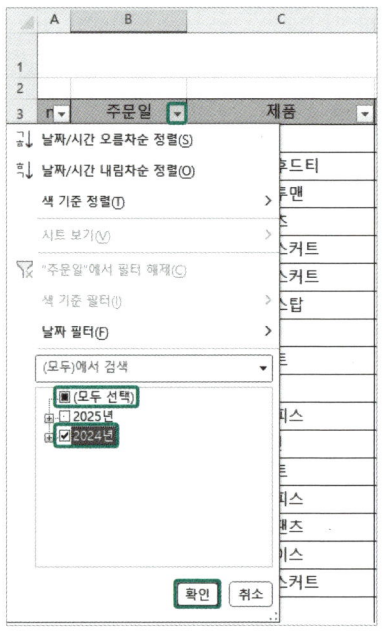

이 상태에서 [주문일]의 [깔때기 필터 버튼▼]을 다시 클릭한 후 [2024년] 앞에 표시된 [더 보기⊞]를 클릭해보세요. 원하는 월만 선택해서 필터링하는 것도 가능합니다. 여기에서는 [5월]에만 체크하고 [확인]을 누르겠습니다.

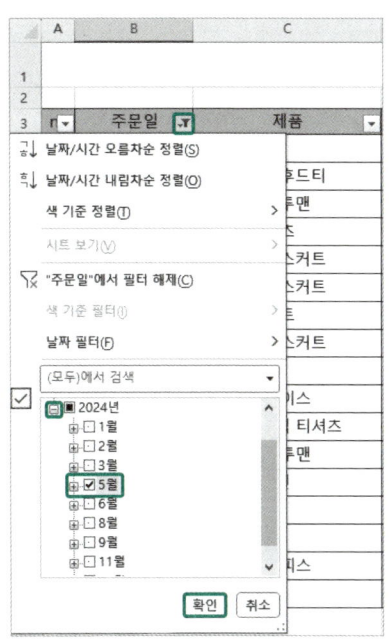

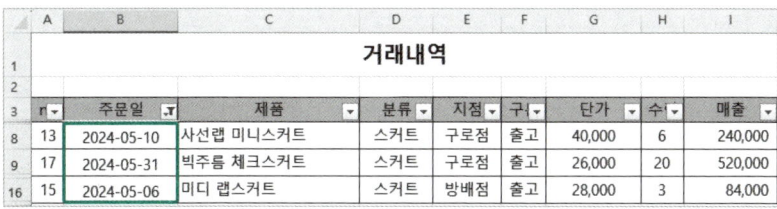

> **TIP** [날짜 필터]를 클릭하면 다양한 옵션을 확인할 수 있어요. 필요에 맞게 사용하면 됩니다.

6장 데이터를 정렬하고 원하는 정보 찾기 **229**

 **정리해볼까요?**

- 표에 필터를 표시하려면 [데이터] 탭 – [정렬 및 필터] 그룹 – [필터]를 클릭합니다. [홈] 탭 – [편집] 그룹 – [정렬 및 필터]에서 [필터]를 클릭해도 됩니다.
- 필터는 숫자, 검색, 날짜 등 다양한 종류의 조건을 적용할 수 있습니다.

⌛ 1분만요! 누나IT의 1분 영상 강의

 누나IT 유튜브 채널에서 **<단 몇 번 클릭으로 원하는 데이터를 찾는 자동 필터>** 영상 강의를 시청하고 엑셀 기능을 복습해보세요.

QR 코드 인식이 어렵다면 유튜브 검색창에 **누나아이티 자동 필터**를 검색하세요.

데이터를 요리조리 바꾸는 피벗 테이블을 알아보자

시작해볼까요?   실습 파일 6장/04_피벗 테이블.xlsx

피벗 테이블은 엑셀 데이터 관리의 끝판왕이라고 할 수 있어요. 피벗 테이블을 활용하면 어떤 방대한 데이터도 내 스타일에 맞게 요약할 수 있습니다. 피벗 테이블을 삽입하고 편집하는 기능을 익혀봅시다.

피벗 테이블 삽입하기

실습 파일의 표에서 임의의 셀을 클릭한 후 [삽입] - [표] 그룹 - [피벗 테이블]을 클릭합니다.

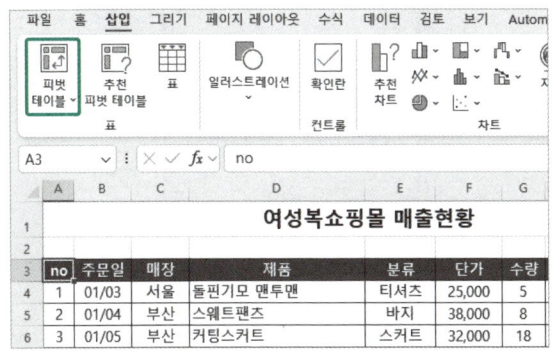

대화상자가 표시되면 표 범위에 점선이 나타나는 걸 알 수 있어요. 피벗 테이블을 삽입할 위치로 [새 워크시트]를 클릭하고 [확인]을 클릭합니다.

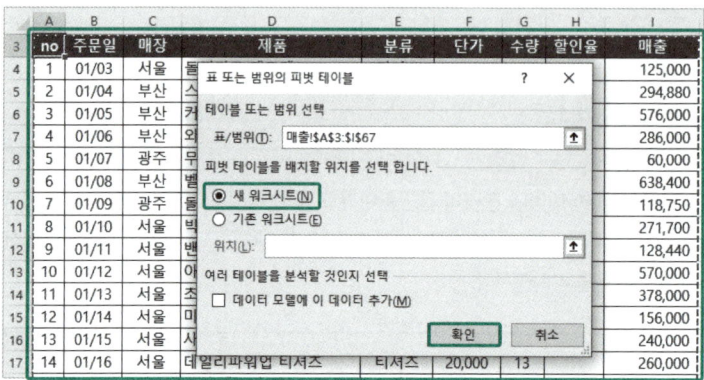

TIP 점선이 표의 실제 범위와 다르게 설정되면 [표/범위]에서 원하는 범위를 다시 드래그하세요.

새 시트가 삽입되고 오른쪽에 [피벗 테이블 필드] 창이 표시되었어요.

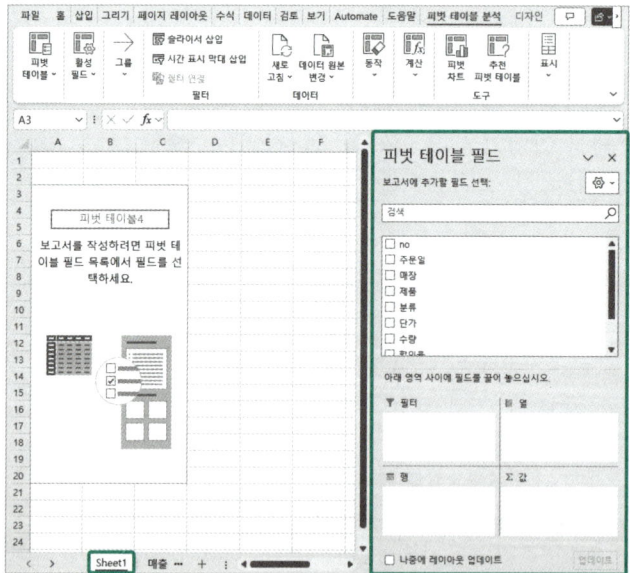

> **TIP** 피벗 테이블은 새 워크시트에 삽입하거나 기존 워크시트의 표 옆에 만들 수도 있어요. 보통은 [새 워크시트]를 클릭해서 새 시트를 삽입하고 피벗 테이블을 만듭니다. 기존의 데이터와 쉽게 구분할 수 있기 때문입니다.

피벗 테이블 구조 익히기

피벗 테이블을 만들기 전에 구조를 살펴볼까요? 실습 파일에서 [피벗 테이블 구조] 시트를 클릭해보세요. [피벗 테이블 필드] 창에는 데이터의 열 머리글이 자동으로 나열되어 있어요. 이때 각 열 머리글을 **필드**라고 부르는데, 필드는 피벗 테이블을 구성하는 기본 단위입니다.

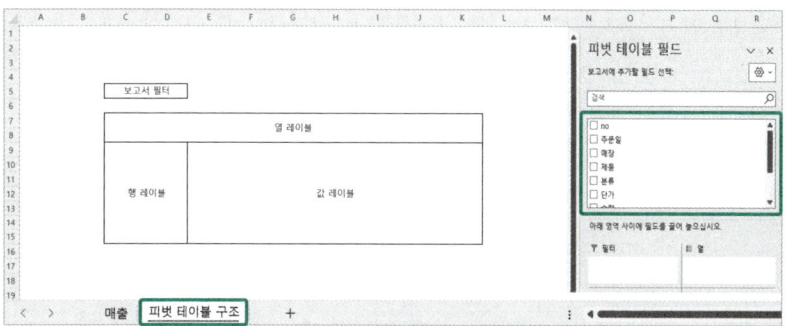

'아래 영역 사이에 필드를 끌어 놓으십시오.'라고 적혀 있죠? 보고 싶은 필드에 체크하거나 원하는 영역으로 드래그하면 됩니다. 상단에 있는 필드를 하단의 [행]으로 드래그해서 옮기면 작업 화면의 행 레이블에 표시됩니다. [열]에 필드를 옮기면 열 레이블에 표시되고, [값]에 필드를 옮기면 값 레이블에 표시되는 거예요. [필터]에 놓은 필드는 가장 상단에 표시됩니다.

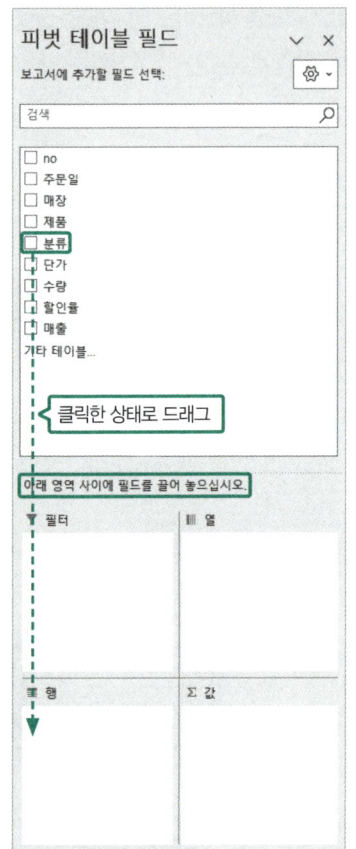

아직 감이 안 오실 수도 있습니다. 하지만 실습을 따라 하다 보면 피벗 테이블을 정말 쉽게 사용할 수 있으니 포기하지 마세요.

피벗 테이블 구성하고 데이터 살펴보기

피벗 테이블이 삽입된 [Sheet1] 시트를 클릭하세요. 피벗 테이블 영역을 클릭하면 [피벗 테이블 필드] 창이 다시 표시됩니다. 피벗 테이블이라고 표시된 영역 외의 셀을 클릭하면 [피벗 테이블 필드] 창이 표시되지 않으니 주의하세요.

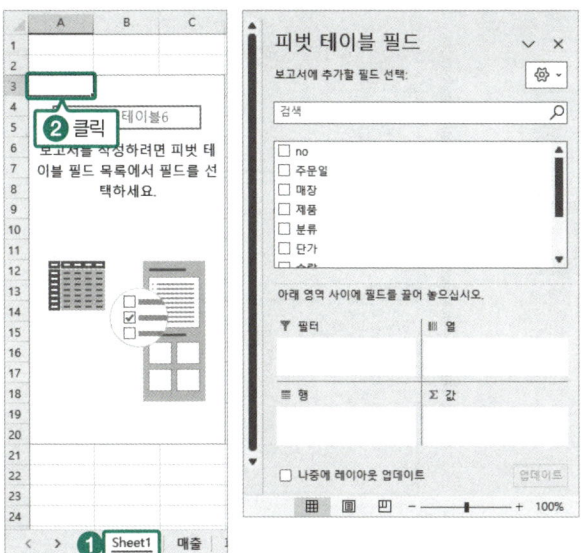

TIP [피벗 테이블 필드] 창을 닫았는데 다시 표시하고 싶다면 피벗 테이블 영역에서 셀 하나를 클릭한 후 마우스 오른쪽 버튼을 클릭하세요. 단축 메뉴에서 [필드 목록 표시]를 클릭하면 [피벗 테이블 필드] 창이 표시됩니다.

피벗 테이블에서 '분류'별로 매출 현황을 보고 싶다면, 필드에서 [분류] 와 [매출]에 체크합니다. 자동으로 [분류] 필드는 [행]에, [매출] 필드는 [값]으로 이동되었어요. 왼쪽에 분류별 매출현황이 피벗 테이블로 표시되었네요.

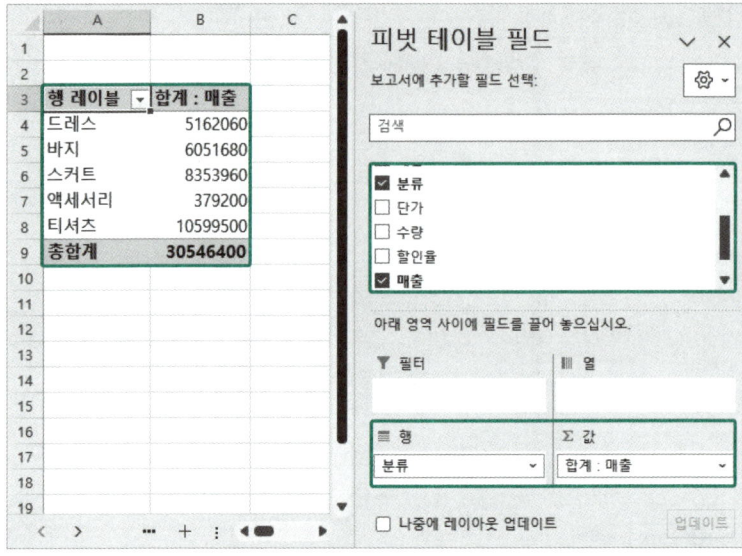

이번에는 '분류' 내 '제품' 목록도 살펴볼게요. 필드에서 [제품]에 체크하면 [행]에 [제품] 필드가 추가됩니다.

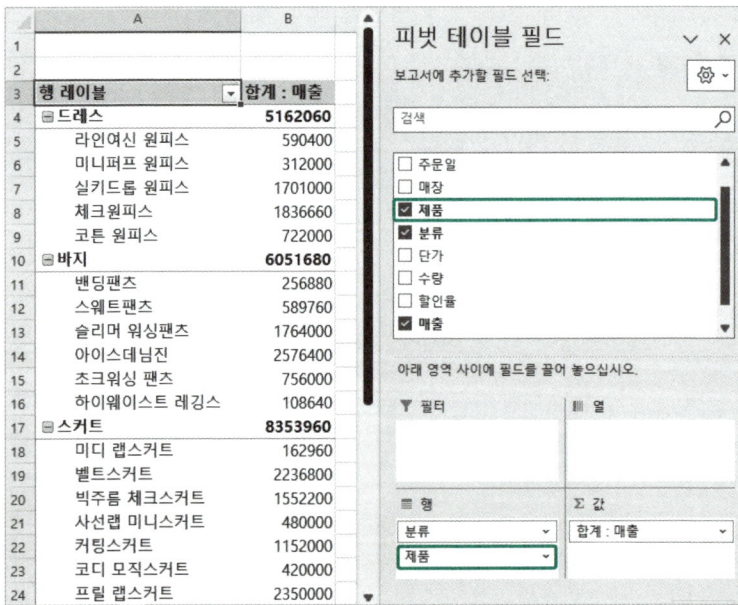

피벗 테이블에서는 '분류'의 하위 목록인 '제품'이 모두 표시됩니다. 해당 피벗 테이블을 활용하면 분류별 매출과 제품별 매출을 확인할 수 있어요.

TIP 매출을 볼 때 천 단위에 콤마(,)가 없어 보기가 불편하네요. [B열] 머리를 클릭한 후 [홈] 탭 – [표시 형식] 그룹 – [쉼표 스타일 ,]을 클릭하면 콤마(,)가 추가됩니다.

피벗 테이블에서 필드 위치 바꿔보기

피벗 테이블의 구조에는 정답이 없어요. 이번에는 [행]에 있는 [분류] 필드를 [열]로 드래그해보세요. 피벗 테이블의 모양이 바뀌는데, 드레스, 바지… 등의 '분류' 데이터가 열 위치로 이동했습니다.

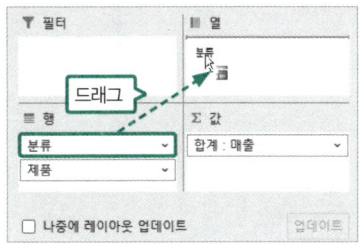

6장 데이터를 정렬하고 원하는 정보 찾기 **237**

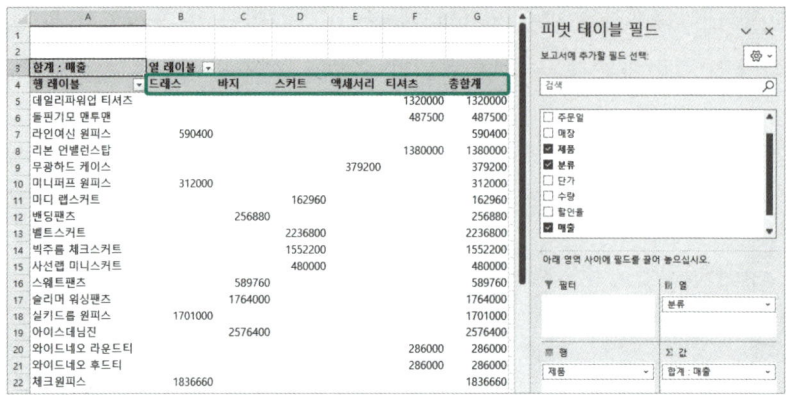

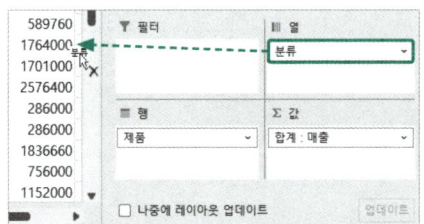

'분류' 데이터를 보고 싶지 않다면 [분류] 필드를 [피벗 테이블 필드] 창 밖으로 드래그하여 삭제합니다.

피벗 테이블은 [분류] 기준이 없어지니 제품별 매출액만 표시됩니다.

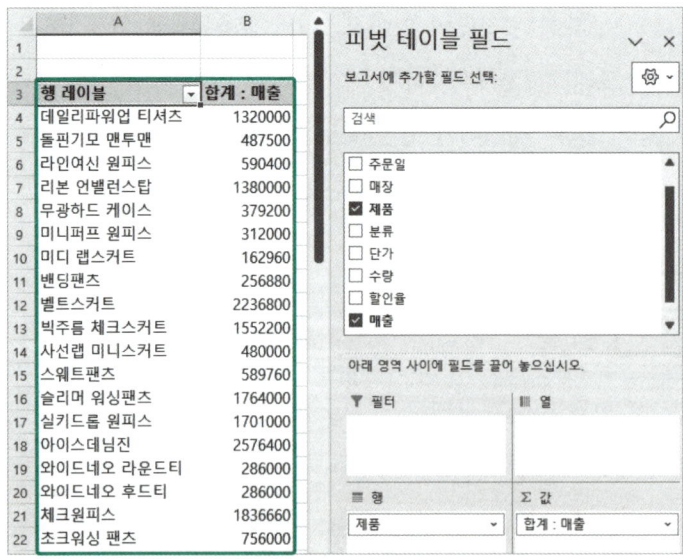

'매장' 별로도 매출을 살펴볼까요? [매장] 필드에 체크하면 제품별로 각 매장의 매출이 표시돼요.

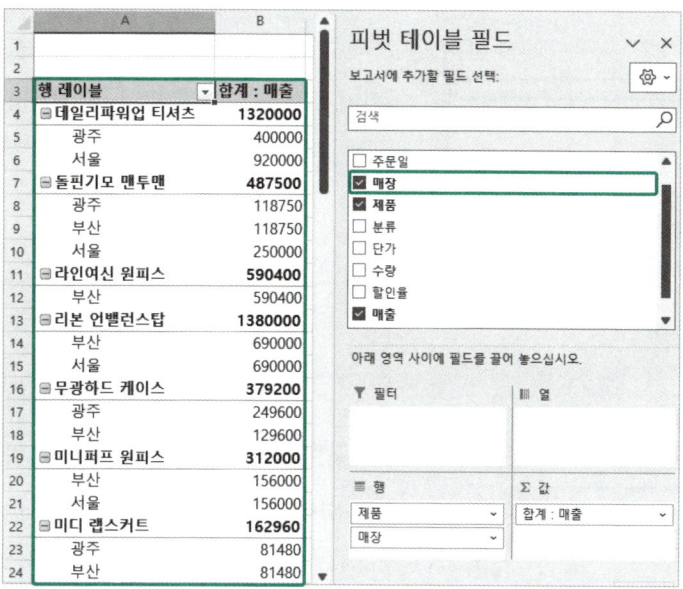

만약 '제품' 별 매출을 '매장' 별로도 보고 싶다면 [행]에 위치한 [매장] 필드를 [열]로 드래그하세요.

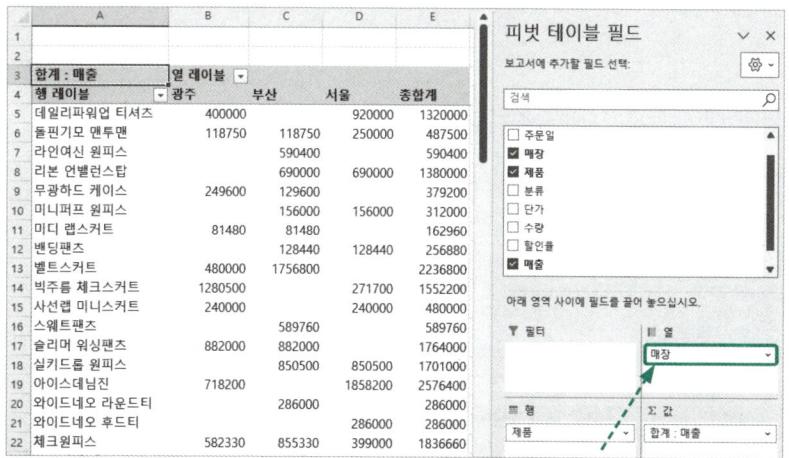

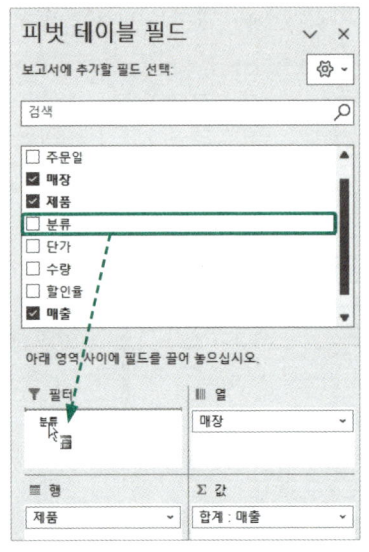

필터도 만들어서 활용해볼까요? 필터는 특정 조건에 맞는 데이터만 선택하여 피벗 테이블에 표시하도록 도와주는 기능입니다. [분류] 필드를 [필터]로 드래그하면 피벗 테이블 상단에 분류 필터가 만들어집니다.

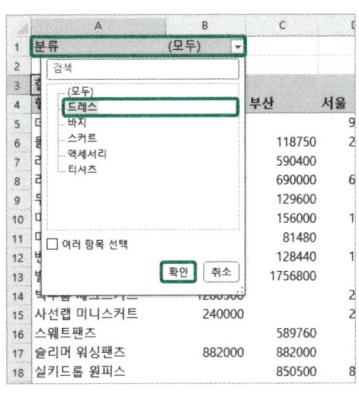

[필터]의 [필터 버튼]을 클릭하면 제품명이 목록으로 나타납니다. 원하는 제품을 클릭하면 해당 제품에 대한 매장별 매출을 확인할 수 있어요. [드레스]를 클릭한 후 [확인]을 클릭하세요.

피벗 테이블에 드레스에 해당하는 제품만 표시되었어요.

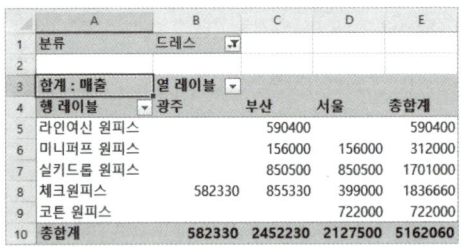

[피벗 테이블 필드] 창을 살펴보면 [분류] 옆에 [필터]가 표시되어 있는데, 현재 '분류'로 필터 되고 있다는 의미입니다.

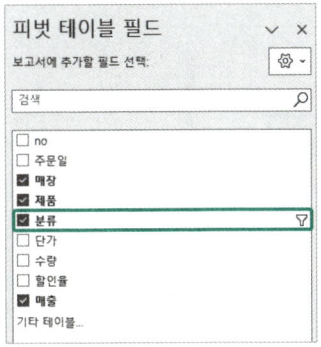

필터를 다시 풀어볼게요. [깔때기 필터 버튼]을 클릭한 후 [모두]를 클릭하고 [확인]을 클릭합니다.

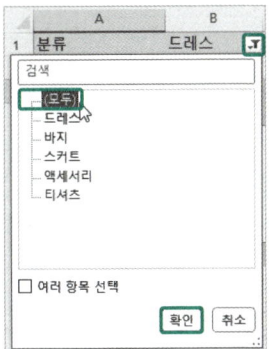

현재 표는 매출의 합계가 요약되어 있지만, 합계 외에도 평균이나 최대, 최소 매출을 확인할 수도 있어요. 표 상단의 [총합계]를 클릭한 후 [피벗 테이블 분석] 탭 - [활성 필드] 그룹 - [필드 설정]을 클릭합니다.

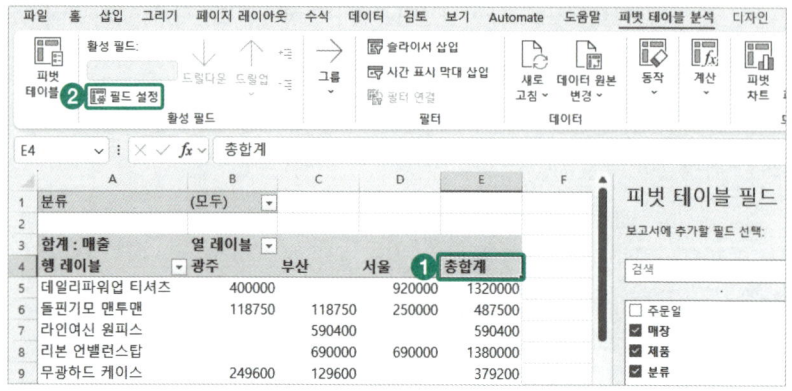

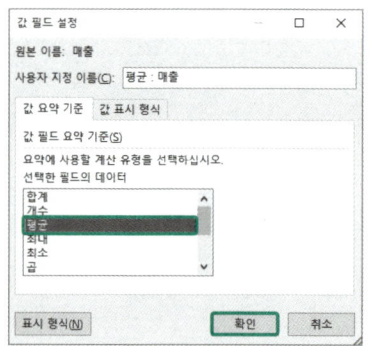

[값 필드 설정] 대화상자에서 요약에 사용할 계산 유형이 [합계]로 되어 있습니다. 이 기준을 [평균], [최대], [최소] 등으로 변경하면, 피벗 테이블이 해당 유형에 맞게 데이터를 요약해줍니다. [평균]을 클릭하고 [확인]을 클릭하면 매출 합계가 매출 평균으로 변경됩니다.

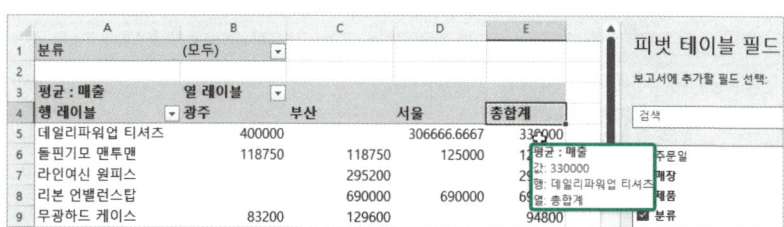

TIP [값 필드 설정] 대화상자에서 요약에 사용할 계산 유형을 [최대]나 [최소]로 바꿔서 선택한 후 피벗 테이블의 값이 어떻게 바뀌는지도 살펴보세요.

제품의 판매 수량이 보고 싶다면 필드를 어떻게 수정하면 될까요? 먼저 [값]에 표시된 [매출] 필드를 삭제해야 합니다. 필드 목록에서 [매

출]의 체크를 해제하고, [수량]에 체크합니다. 이제 각 매장에서 제품
별로 몇 개가 팔렸는지 피벗 테이블에서 확인할 수 있어요.

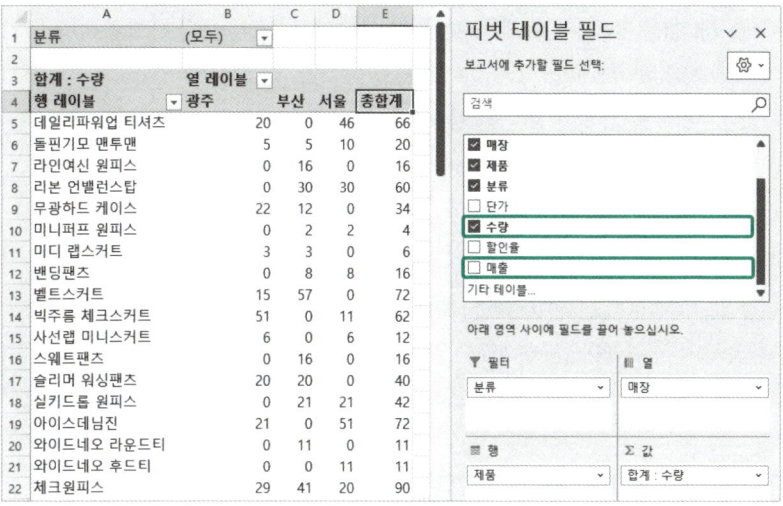

[제품] 필드의 체크를 해제하고 [분류] 필드를 [행]으로 옮기면 분류별
로 각 매장에서 몇 개가 팔렸는지 피벗 테이블에 표시됩니다.

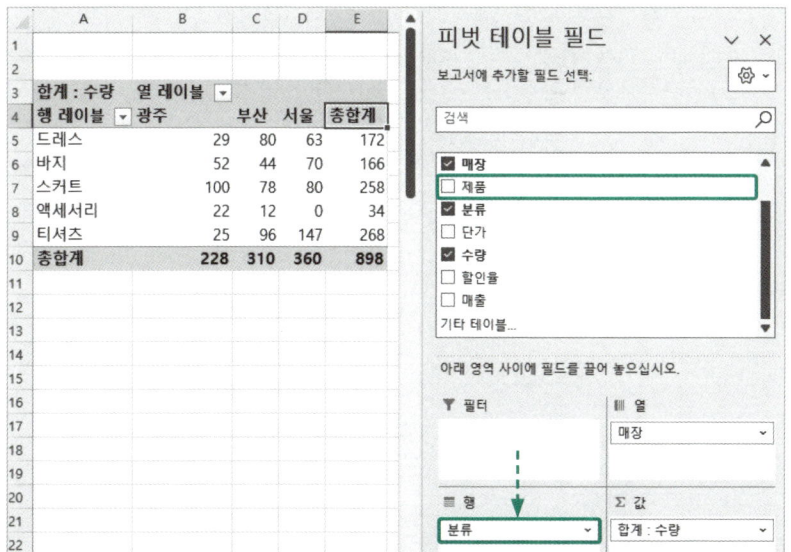

정리해볼까요?

- 피벗 테이블을 만들려면 표 데이터를 클릭한 상태에서 [삽입] 탭 – [표] 그룹 – [피벗 테이블]을 클릭합니다.
- [피벗 테이블 필드] 창의 필드 목록에 항목을 체크하면 [행], [열], [값] 영역에 위치할 필드를 설정할 수 있습니다. 필드가 놓인 위치에 따라 피벗 테이블의 모양이 달라집니다.
- [피벗 테이블 필드] 창의 [필터] 영역으로 필드를 이동하면 해당 필드를 기준으로 필터가 표시됩니다.
- [값 필드 설정] 대화상자에서 피벗 테이블의 데이터를 합계, 평균, 최댓값 등 어떤 방식으로 요약하여 보여줄지 선택할 수 있습니다.

⌛ 1분만요! 누나IT의 1분 영상 강의

누나IT 유튜브 채널에서 **<피벗 테이블이 생각보다 쉬운 이유>** 영상 강의를 시청하고 엑셀 기능을 복습해보세요.

QR 코드 인식이 어렵다면 유튜브 검색창에 **누나아이티 피벗**을 검색하세요.

7장

데이터가 한눈에 들어오는 차트 그리기

차트를 그려보자

 **시작해볼까요?**   실습 파일 7장/01_차트 만들기.xlsx

복잡한 숫자로 구성된 표는 차트로 시각화하면 한눈에 쉽게 이해할 수 있어요. 차트는 보고서를 작성할 때 효과적으로 활용할 수 있어요. 직접 차트를 만들어봅시다.

차트 만들기

	A	B
1	판매현황	
2	이름	수량
3	이성원	846
4	홍길동	685
5	김덕배	453
6	김하늘	278
7	이바다	695
8	이강건	855
9	주사랑	795
10	최민서	465
11	박태민	934

엑셀에서 차트를 만드는 것은 굉장히 쉽습니다. 실습 파일의 데이터를 차트로 바꿔볼게요.

먼저, 판매현황 표를 범위로 지정하세요. [A2] 셀부터 [B11] 셀까지 드래그하면 됩니다.

차트는 [삽입] 탭 – [차트] 그룹에서 만들어요. 차트는 종류가 다양한데, [세로

또는 가로 막대형 차트 삽입을 클릭하고 가장 많이 사용하는 [2차원 세로 막대형] 중에서 [묶은 세로 막대형]을 클릭하세요.

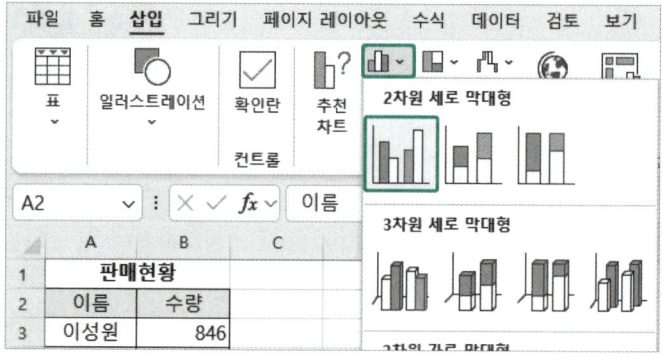

삽입된 차트를 보면 '이성원'부터 '박태민'까지 데이터가 표시된 것을 확인할 수 있어요.

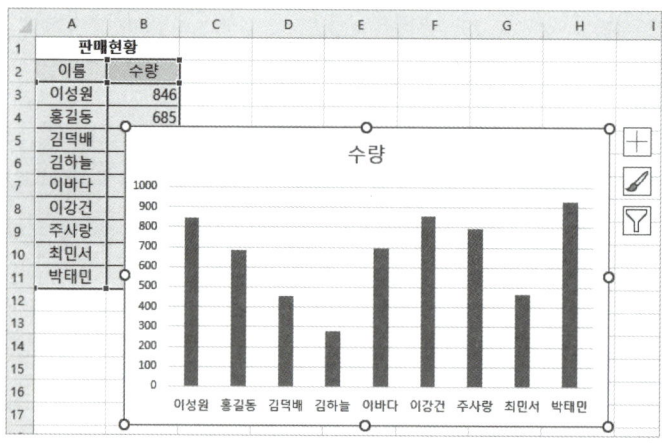

삽입된 차트는 드래그해서 원하는 위치에 이동할 수 있습니다. 차트 크기는 차트 테두리에 표시된 동그라미 모양의 크기 조절 핸들을 클릭

한 채로 드래그해서 변경할 수 있습니다.

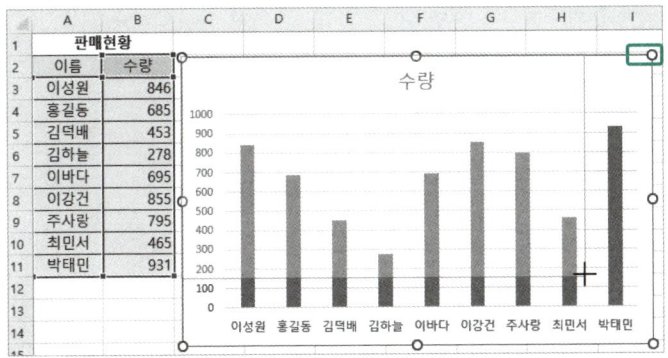

차트를 클릭한 상태에서는 [차트 디자인] 탭과 [서식] 탭이 표시됩니다. 이 탭에서 차트 스타일을 설정하고 서식 등을 바꿀 수 있어요.

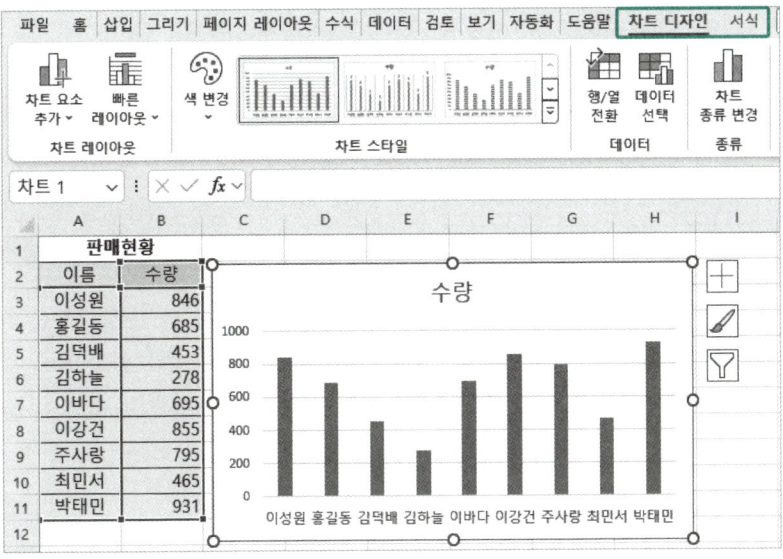

🔍 [차트 디자인] 탭과 [서식] 탭 활용하기 256쪽

차트 제목 바꾸기

차트는 제목도 바꿀 수 있어요. 차트 안의 제목을 클릭하면 테두리가 표시되는데, 테두리 안쪽에 마우스 포인터를 이동하면 마우스 포인터가 글씨를 수정할 수 있도록 바뀝니다. 수정할 제목을 블록 설정한 후 **판매현황**을 입력하면, 차트 제목이 바뀝니다.

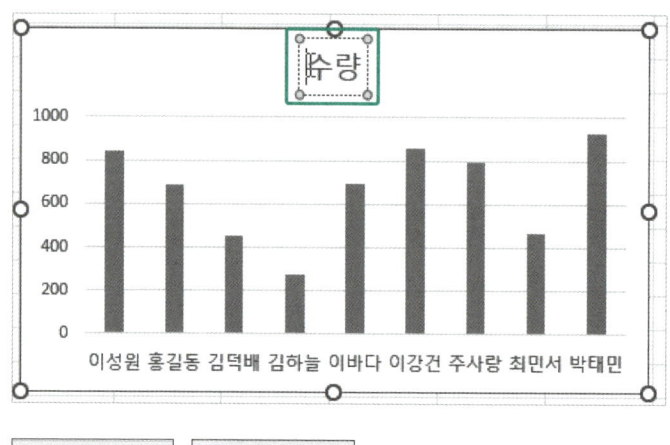

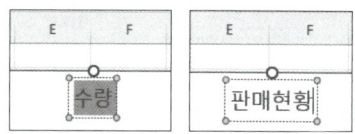

> **TIP** 차트 제목을 클릭하고 [Delete]를 누르면 제목이 삭제됩니다.

이때 차트 제목의 테두리를 클릭하면 테두리가 점선에서 실선으로 바뀝니다. 이 상태에서 [홈] 탭 - [글꼴] 그룹의 명령을 이용하면 제목의 글씨 크기를 조정하거나 색깔을 변경할 수 있어요.

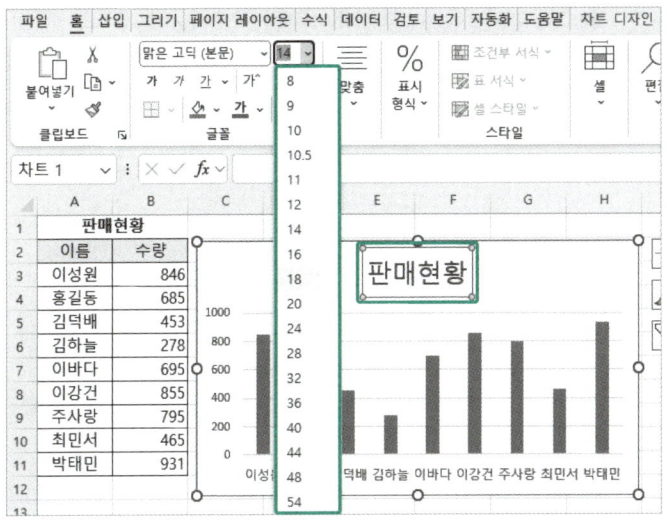

데이터 레이블과 축 제목 표시하기

차트는 데이터의 크기나 실적을 한눈에 파악할 수 있다는 장점이 있지만, 이 상태에서는 정확한 데이터 값을 확인하기 어렵습니다. 차트에 데이터 값을 표시해볼게요.

차트 위에 표시된 값을 '데이터 레이블'이라고 부릅니다. 차트 오른쪽의 [차트 요소⊞]를 클릭하고 [데이터 레이블]에 체크하면, 막대 위에 값이 표시됩니다.

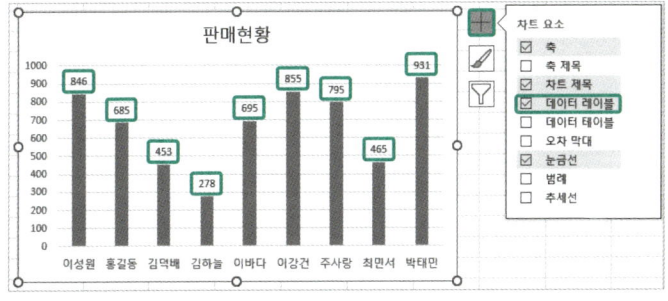

TIP [차트 요소]의 [데이터 레이블]에 마우스 포인터를 올리면 [확장 화살표>]가 표시되는데, 데이터 레이블을 차트의 어디에 표시할지 선택할 수 있어요. 여기에서는 [바깥쪽 끝에]를 선택했습니다.

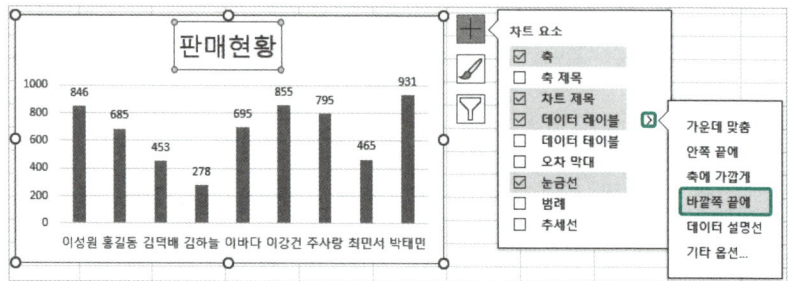

이 차트에서 세로축은 수량, 가로축은 이름을 나타냅니다. 이 정보를 차트에 표시하려면 [차트 요소⊞]를 클릭한 후 [축 제목]에 체크하세요. 세로축과 가로축에 축 제목이 표시됩니다.

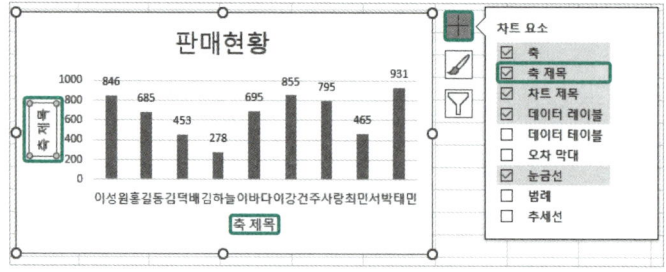

가로축의 축 제목은 삭제하겠습니다. 가로축의 제목을 클릭한 후 테두리가 표시되면 마우스 오른쪽 버튼을 클릭하고 [삭제]를 클릭합니다.

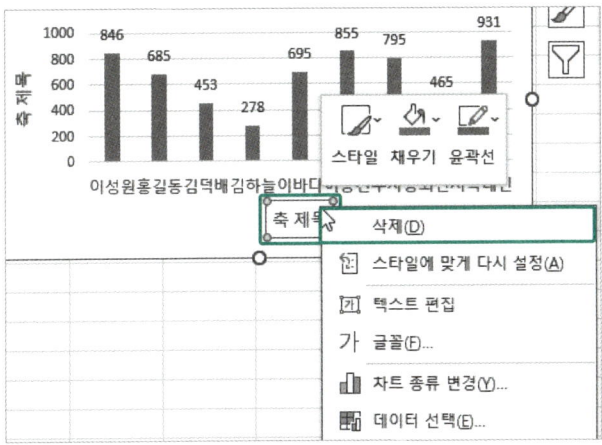

TIP 축 제목을 클릭하고 Delete 를 눌러도 축 제목을 삭제할 수 있습니다.

세로축 제목을 클릭한 후 마우스 포인터를 제목 위로 이동시키면 커서 모양이 바뀝니다. 제목을 블록 설정하고 **수량**을 입력하세요.

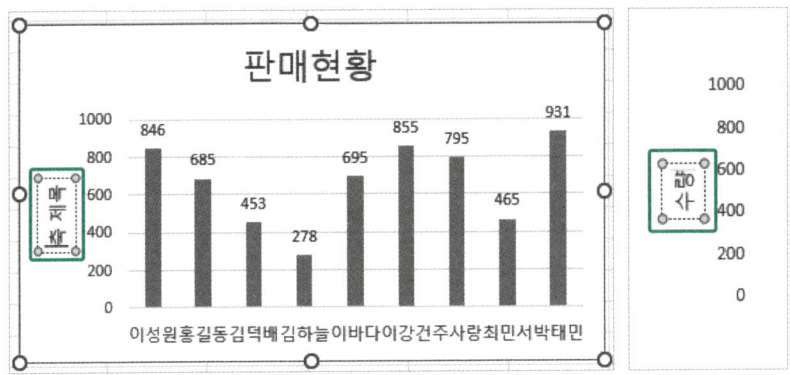

세로로 입력된 세로축 제목을 가로 방향으로 바꾸고 싶다면, 축 제목이 선택된 상태에서 [홈] 탭 - [맞춤] 그룹 - [방향]을 클릭한 후 [세로 쓰기]를 클릭합니다.

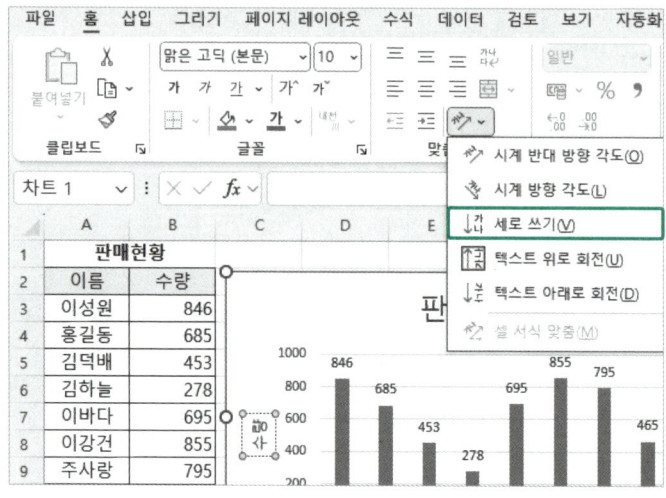

[홈] 탭 – [맞춤] 그룹 – [방향]을 클릭한 후 [세로 쓰기]를 한 번 더 클릭하면 세로축 제목의 방향이 바뀝니다.

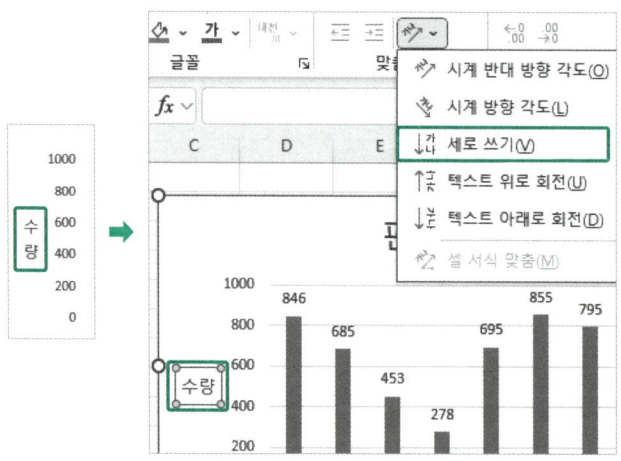

축 제목을 클릭한 후 드래그해서 원하는 위치로 이동할 수도 있습니다.

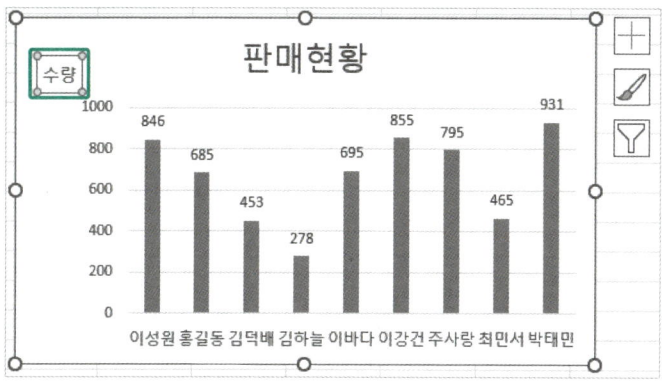

 **정리해볼까요?**

- [삽입] 탭 – [차트] 그룹에서 다양한 종류의 차트를 만들 수 있습니다.
- [차트 요소]를 이용해서 차트에 [데이터 레이블]이나 [축 제목] 등을 표시할 수 있습니다.

차트 디자인을
요리조리 바꿔보자

 **시작해볼까요?** 　　　　　실습 파일 7장/02_차트 디자인 서식.xlsx

차트는 스타일, 색깔 등을 바꿀 수 있습니다. [차트 디자인] 탭과 [서식] 탭을 사용해서 원하는 대로 차트 스타일을 바꿔봅시다.

차트 스타일 바꾸기

차트를 클릭하면 표시되는 [차트 디자인] 탭 - [차트 스타일] 그룹에서 차트 모양을 바꿀 수 있어요. 여기서는 [스타일 1]을 선택했습니다.

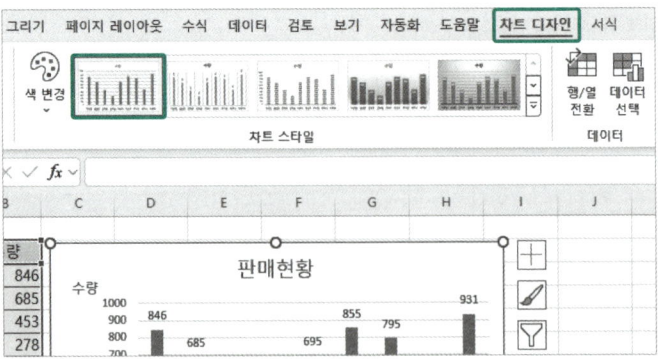

[차트 디자인] 탭 – [차트 스타일] 그룹 – [색 변경]을 클릭하면 차트의 색도 바꿀 수 있습니다. [색상형]이나 [단색형] 목록 위에 마우스 포인터를 올려보면 차트의 색이 어떻게 바뀌는지 미리 확인할 수 있어요.

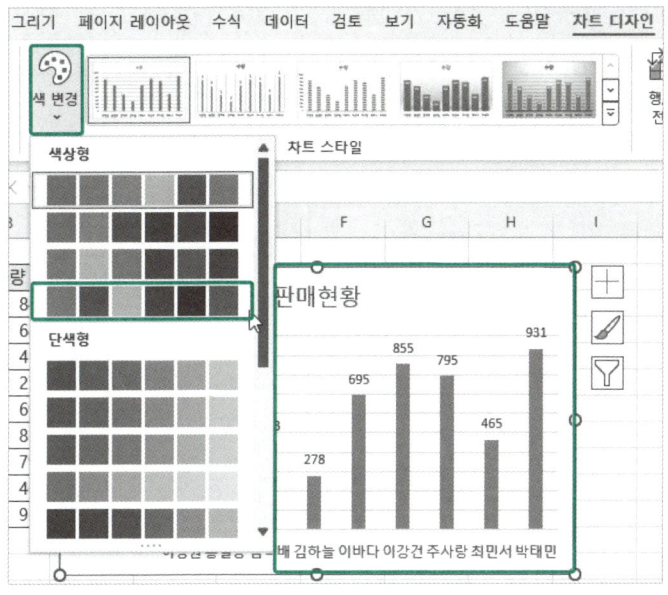

원하는 색을 선택하면 되는데, 여기서는 [다양한 색상표 3]을 선택했습니다.

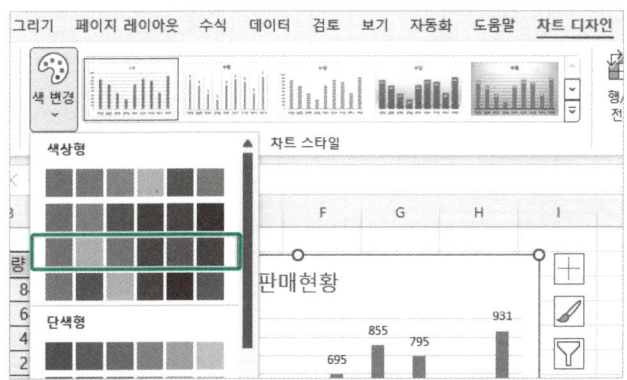

막대 색상 바꾸기

차트에서 강조하고 싶은 막대를 선택해서 색을 바꿀 수 있어요. 첫 번째 '이성원'으로 표시된 막대 색깔만 바꿔볼게요. 차트 내 막대 부분을 한 번 클릭하면 전체 막대가 다 선택됩니다. '이성원'에 해당하는 막대만 선택해야 하니까 이때는 해당 막대를 한 번 더 클릭합니다.

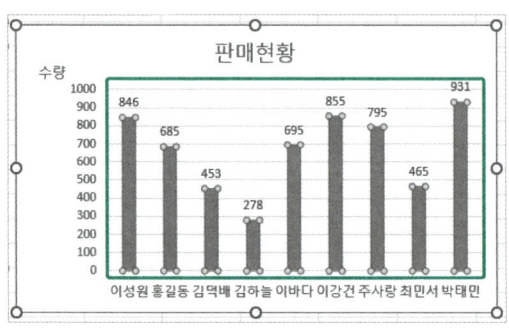

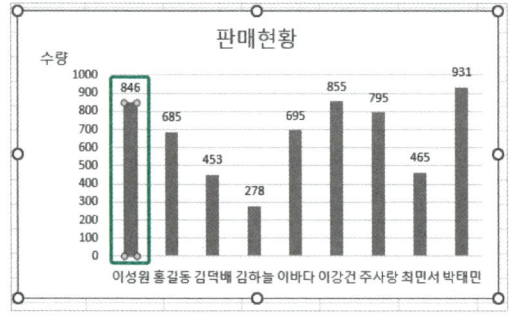

이 상태에서 차트의 [서식] 탭 – [도형 스타일] 그룹 – [도형 채우기]를 클릭해서 강조할 색을 고릅니다.

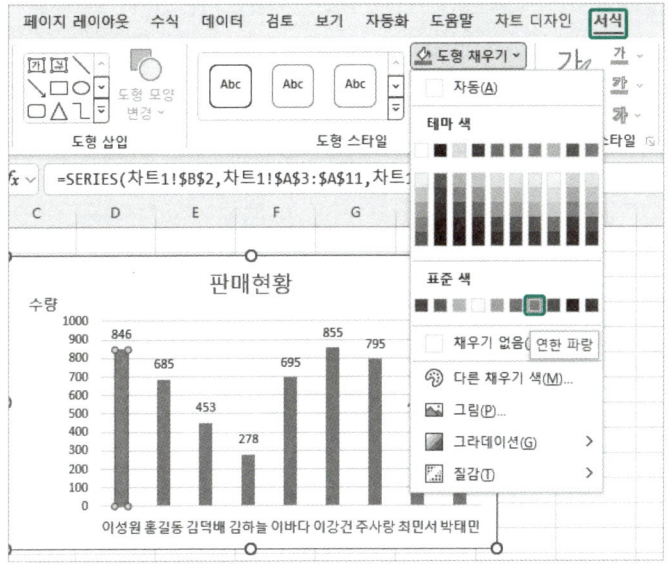

전체 차트에서 '이성원'에 해당하는 막대만 색상이 바뀝니다.

막대 너비 바꾸기

차트의 막대 너비를 조금 두껍게 바꾸고 싶다면 어떻게 해야 할까요? 차트 밖의 셀을 한 번 클릭하고, 다시 차트 막대를 한 번 더 클릭해서 전체 막대가 선택되게 합니다. 차트의 막대 위에서 마우스 오른쪽 버튼을 클릭한 후 [데이터 계열 서식]을 클릭합니다.

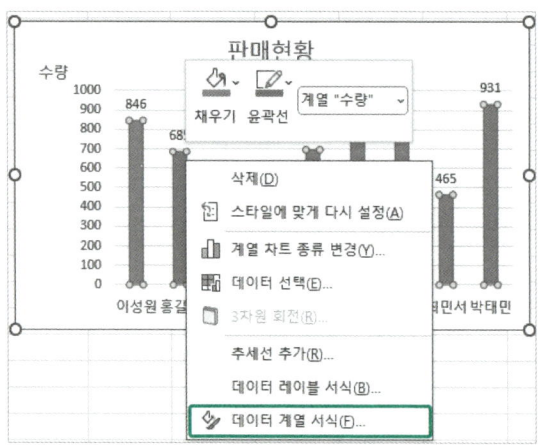

TIP [데이터 계열 서식]을 보려면, 하나의 막대가 선택된 상태가 아니라 막대 부분을 한 번만 클릭하여 차트의 전체 막대가 선택된 상태여야 합니다.

화면 오른쪽에 [데이터 계열 서식] 창이 표시됩니다.

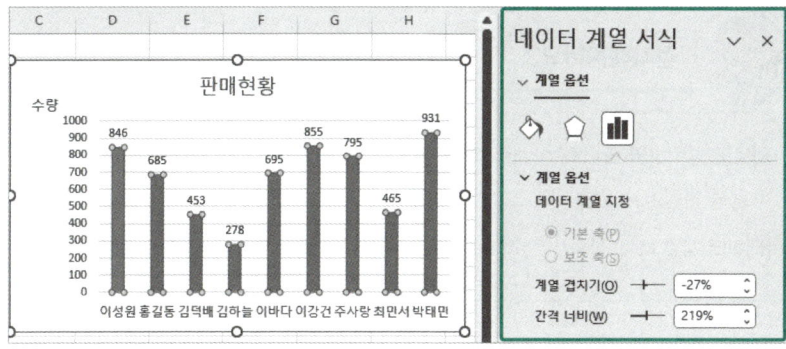

[간격 너비]가 '219%'로 설정되어 있는데, 이 간격이 커지면 막대 사이 간격이 넓어지고, 이 간격이 작아지면 막대 사이 간격이 줄어들어요. [간격 너비]가 줄어들면 상대적으로 막대의 너비가 두꺼워지겠죠? [간격 너비]에 **100%**를 입력하고 Enter 를 누릅니다.

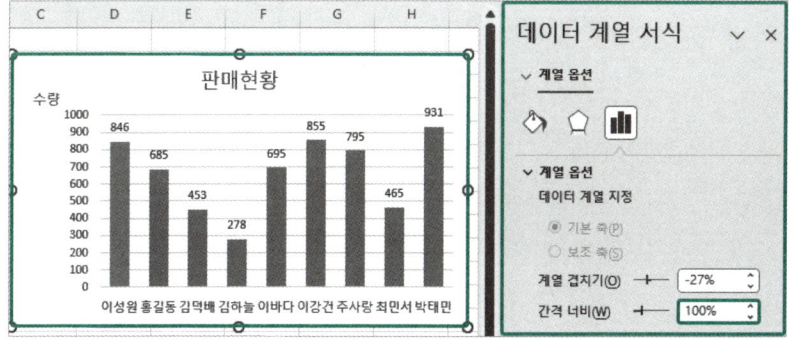

[데이터 계열 서식] 창에서 [닫기 ×]를 클릭하세요. 수정이 완료되었습니다.

 **정리해볼까요?**

- 차트를 클릭하면 표시되는 [차트 디자인] 탭과 [서식] 탭에서 차트 스타일과 색상, 서식 등을 변경할 수 있습니다.
- [데이터 계열 서식] 창에서 [간격 너비]를 조정해서 막대의 너비를 변경할 수 있습니다.

⌛ 1분만요! 누나IT의 1분 영상 강의

 누나IT 유튜브 채널에서 **<엑셀 차트 핵심만 빠르게 배우기>** 영상 강의를 시청하고 엑셀 기능을 복습해보세요.

QR 코드 인식이 어렵다면 유튜브 검색창에 누나아이티 차트를 검색하세요.

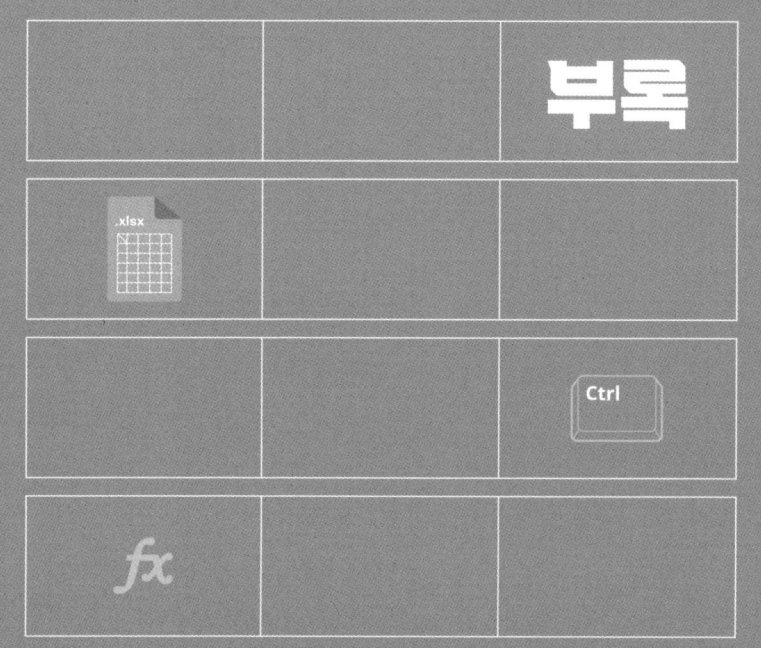

부록

바로 써먹는 단축키 알아보기

자주 사용하는
단축키를 알아보자

 **시작해볼까요?** 실습 파일 부록/단축키.xlsx

엑셀을 잘 활용하면 퇴근 시간이 빨라진다고 하죠? 단축키를 사용하면 좀 더 빠르게 엑셀 작업을 할 수 있습니다. 작업 시간을 반으로 줄여주는 단축키를 알아봅시다.

단축키 누르기

키보드에서 Ctrl 을 누를 때는 새끼손가락을 사용하는 것이 좋습니다. Ctrl 을 왼손의 새끼손가락으로 누른 상태에서 집게손가락으로 원하는 단축키를 누르는 거죠. Ctrl + C 를 누른다면, Ctrl 을 새끼손가락으로 누른 상태에서 C 를 집게손가락으로 누르면 됩니다.

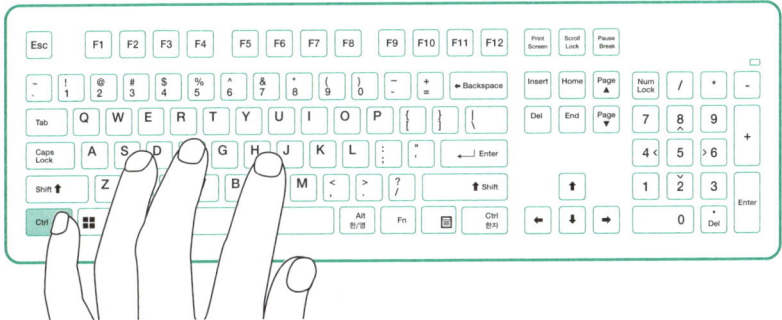

부록 | 바로 써먹는 단축키 알아보기 **265**

단축키로 이동하기

데이터가 입력된 표 안에서 Ctrl과 방향키를 누르면 비어 있는 셀 직전까지만 이동해요. 예를 들어 [1월매출] 시트의 [A35] 셀에서 Ctrl과 오른쪽 방향키 →를 누르면 [G35] 셀로 셀 포인터가 이동합니다. [H35] 셀이 비어 있는 것을 알 수 있어요.

	A	B	C	D	E	F	G	H
34	31	01/31	서울	코튼 원피스	드레스	38,000	10	5%
35	32	Ctrl + →	울	코디 모직스커트	스커트	21,000	10	
36	33	02/01	서울	데일리파워업 티셔츠	티셔츠	20,000	13	0%
37	34	02/02	광주	데일리파워업 티셔츠	티셔츠	20,000	20	0%

	A	B	C	D	E	F	G	H
34	31	01/31	서울	코튼 원피스	드레스	38,000	10	5%
35	32	01/31	서울	코디 모직스커트	스커트	21,000	10	
36	33	02/01	서울	데일리파워업 티셔츠	티셔츠	20,000	13	0%
37	34	02/02	광주	데일리파워업 티셔츠	티셔츠	20,000	20	0%

단축키로 범위 지정하기

데이터가 있는 표 안에서 Ctrl+A를 누르면 표의 전체 범위가 선택됩니다. 한 번 더 Ctrl+A를 누르면 시트 전체가 선택되죠.

31	28	01/30	서울	데일리파워업 티셔츠	티셔츠	20,000	20	0%	400,000
32	29	01/31	서울	리본 언밸런스탑	티셔츠	23,000	30	0%	690,000
33	30	01/31	서울	체크원피스	드레스	21,000	20	5%	399,000
34	31	01/31	서울	코튼 원피스	드레스	38,000	10	5%	361,000
35	32	01/31	서울	코디 모직스커트	스커트	21,000	10	Ctrl+A	
36									
37									
38									
39									

< > 1월매출 2월매출 +

TIP 표 범위가 아닌 셀에서 Ctrl + A 를 누르면 시트 전체가 선택됩니다.

Shift 를 누른 상태에서 방향키를 누르면 해당 방향으로 셀이 블록 설정됩니다. Shift 와 아래쪽 방향키 ↓ 를 누르면 아래쪽으로 셀이 블록 설정됩니다. [D3] 셀을 클릭하고 Shift 를 누른 상태에서 아래쪽 방향키 ↓ 를 세 번 눌러보세요.

TIP Shift 와 오른쪽 방향키 → 를 누르면 오른쪽 방향으로 이동하며 블록이 설정됩니다.

Ctrl 은 이동하고, Shift 는 블록 설정을 해주므로 두 키를 함께 사용해서 응용해볼게요. [매장] 열의 첫 번째 셀을 클릭하고 Ctrl + Shift + 아래쪽 방향키 ↓ 를 누르세요. 데이터가 입력된 마지막 셀까지 전체 열이 블록 설정됩니다.

부록 | 바로 써먹는 단축키 알아보기 **267**

이 상태에서 Ctrl + Shift + 오른쪽 방향키 →를 누르면 데이터의 오른쪽 마지막 열까지 블록 설정됩니다.

시트 이동하기

시트를 이동할 때 시트 탭을 직접 클릭해도 되지만 단축키를 이용할 수도 있어요. 현재 선택된 [1월매출] 시트에서 Ctrl + PageDown (페이지다운)을 누르면 [2월매출] 시트로 이동합니다.

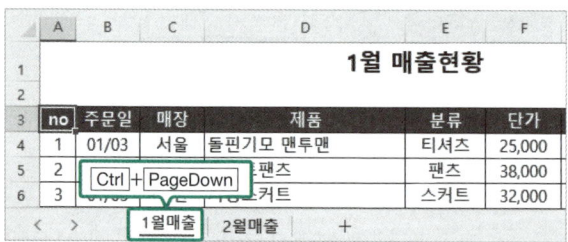

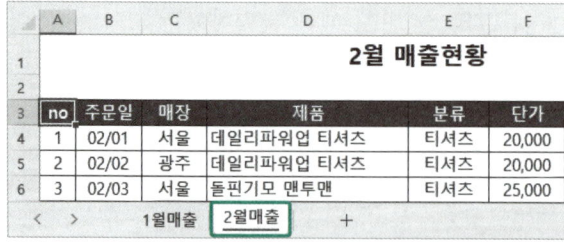

[2월매출] 시트 앞쪽 시트로 이동하려면 Ctrl + PageUp (페이지업)을 누르세요. [1월매출] 시트로 이동합니다.

더 알아두면 좋은 단축키

전체 함수식을 볼 수 있는 단축키도 있어요. 키보드의 왼쪽 위를 보면 숫자 1 옆에 물결 모양의 키 ~ 가 있어요. Ctrl + ~ 을 누르면 어떤 수식으로 값이 구해졌는지 확인할 수 있어요.

E	F	G	H	I
분류	단가	수량	할인율	매출
티셔츠	25000	5	0	=F4*G4-F4*G4*H4
팬츠	38000	8	0.03	=F5*G5-F5*G5*H5
스커트	32000	18	0	=F6*G6-F6*G6*H6
티셔츠	26000	11	0	=F7*G7-F7*G7*H7
액세서리	12000	5	0	=F8*G8-F8*G8*H8
스커트	32000	21	0.05	=F9*G9-F9*G9*H9

TIP 셀에 입력된 함수식은 수식 입력줄에서도 확인할 수 있어요. 전체 표에 입력된 함수식을 보고 싶다면 Ctrl + ~ 를 누르세요.

	A	B	C	D	E	F	G	H	I
3	no	주문일	매장	제품	분류	단가	수량	할인율	매출
4	1	01/03	서울	돌핀기모 맨투맨	티셔츠	25,000	5	0%	125,000
5	2	01/04	부산	스웨트팬츠	팬츠	38,000	8	3%	294,880
6	3	01/05	부산	커팅스커트	스커트	32,000	18	0%	576,000

화면을 확대하거나 축소할 때도 단축키를 쓸 수 있어요. Ctrl 을 누른 상태에서 마우스 가운데 휠을 위로 올려보세요. 화면이 확대되죠?

반대로 Ctrl 을 누른 상태에서 마우스 가운데 휠을 아래로 내리면 화면이 축소됩니다.

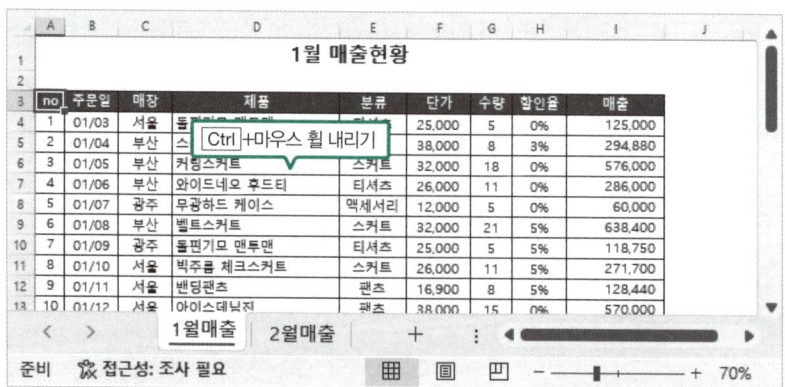

마지막 작업 반복하기

엑셀에서 F4를 누르면 마지막으로 수행한 작업을 반복합니다. 셀의 서식 서식을 변경하거나 테두리를 설정한 후, 다른 셀에서 F4를 누르면 동일한 작업을 적용할 수 있어요.

[D10] 셀의 배경색을 노란색으로 바꾼 후 [D12] 셀을 클릭하고 F4를 누르면, 방금 했던 작업이 그대로 적용되어 배경색이 노란색으로 바뀝니다. 이 기능은 같은 작업을 여러 셀에 반복해야 할 때 매우 편리합니다.

no	주문일	매장	제품	분류	단가	수량	할인율	매출
1	01/03	서울	돌핀기모 맨투맨	티셔츠	25,000	5	0%	125,000
2	01/04	부산	스웨트팬츠	팬츠	38,000	8	3%	294,880
3	01/05	부산	커팅스커트	스커트	32,000	18	0%	576,000
4	01/06	부산	와이드네오 후드티	티셔츠	26,000	11	0%	286,000
5	01/07	광주	무광하드 케이스	액세서리	12,000	5	0%	60,000
6	01/08	부산	벨트스커트	스커트	32,000	21	5%	638,400
7	01/09	광주	돌핀기모 맨투맨	티셔츠	25,000	5	5%	118,750
8	01/10	서울	빅주름 체크스커트	스커트	26,000	11	5%	271,700
9	01/11	서울	밴딩팬츠	팬츠	16,900	8	5%	128,440
10	01/12	서울	아이스데님진	팬츠	38,000	15	0%	570,000
11	01/13	서울	초크워싱 팬츠	팬츠	54,000	7	0%	378,000
12	01/14	서울	미니퍼프 원피스	드레스	78,000	2	0%	156,000
13	01/15	서울	사선랩 미니스커트	스커트	40,000	6	0%	240,000

자주 사용하는 단축키는 메모지에 적어 모니터 아래 붙여보세요. 애써 외우지 않아도 자연스럽게 익힐 수 있을 거예요.

복사하기	Ctrl + C
붙여넣기	Ctrl + V
잘라내기	Ctrl + X
바꾸기	Ctrl + H
빠른 채우기	Ctrl + E
절대 참조 적용하기	F4
(함수 입력 후) [함수 인수] 대화상자 열기	Ctrl + A
표에서 이동하기	Ctrl + 방향키(↑ ↓ ← →)
표 전체 선택하기	Ctrl + A
시트 전체 선택하기	Ctrl + A 두 번 누르기
셀 블록 설정하기	Shift + 방향키(↑ ↓ ← →)
표에서 행/열 선택하기	Ctrl + Shift + 방향키(↑ ↓ ← →)
시트 이동하기	Ctrl + PageDown, PageUp
전체 함수식 확인하기	Ctrl + ~
화면 확대/축소하기	Ctrl + 마우스 휠
마지막 작업 반복하기	F4

⏳ 1분만요! 누나IT의 1분 영상 강의

누나IT 유튜브 채널에서 **<엑셀에서 가장 많이 사용하는 단축키 다섯 가지>** 영상 강의를 시청하고 엑셀 기능을 복습해보세요.

QR 코드 인식이 어렵다면 유튜브 검색창에 **누나아이티 엑셀 단축키**를 검색하세요.

영상 강의 로드맵

책에 수록한 영상 강의를 확인할 수 있는 '영상 강의 로드맵'입니다. QR 코드를 스캔해서 강의를 시청하고, 학습한 내용을 복습해보세요.

영상 강의 전체 모아보기

모든 영상 강의를 한 번에 재생할 수 있는 QR 코드입니다.
전체 강의를 연속으로 시청하고 싶다면, 왼쪽의 QR 코드를 스캔해주세요.

START

1장 엑셀 시작 전 꼭 알아야 하는 다섯 가지

1분 영상 강의
의외로 모르는 Delete와 BackSpace 차이점
▶ 관련 본문 찾아보기 025쪽

2장 쉽지만 강력한 기초 기능 익히기

3분 영상 강의
간단한 표 만들기
▶ 관련 본문 찾아보기 049쪽

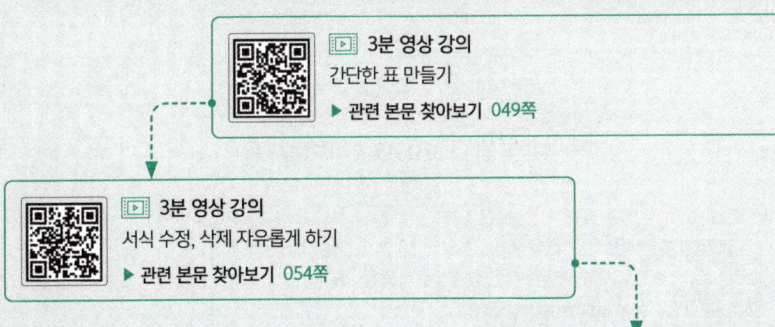

3분 영상 강의
서식 수정, 삭제 자유롭게 하기
▶ 관련 본문 찾아보기 054쪽

영상 강의 로드맵

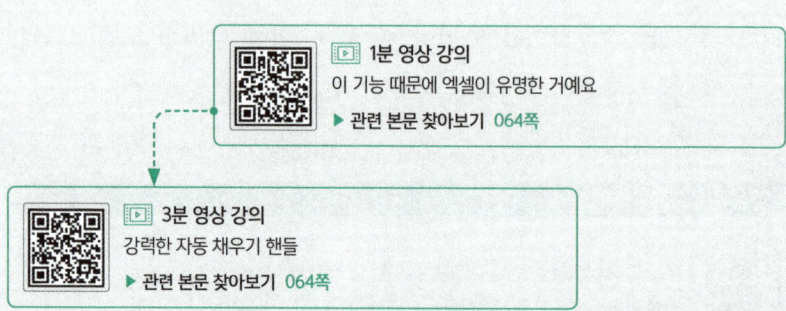

3장 편집과 인쇄로 작업 실력 키우기

📺 1분 영상 강의
엑셀 인쇄 내 맘처럼 되지 않을 때
▶ 관련 본문 찾아보기 121쪽

4장 수식으로 빠르게 계산하기

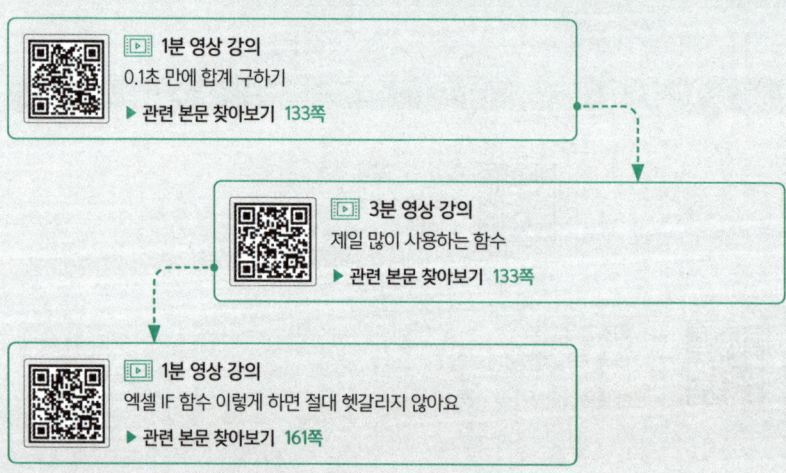

5장 함수 제대로 써먹기

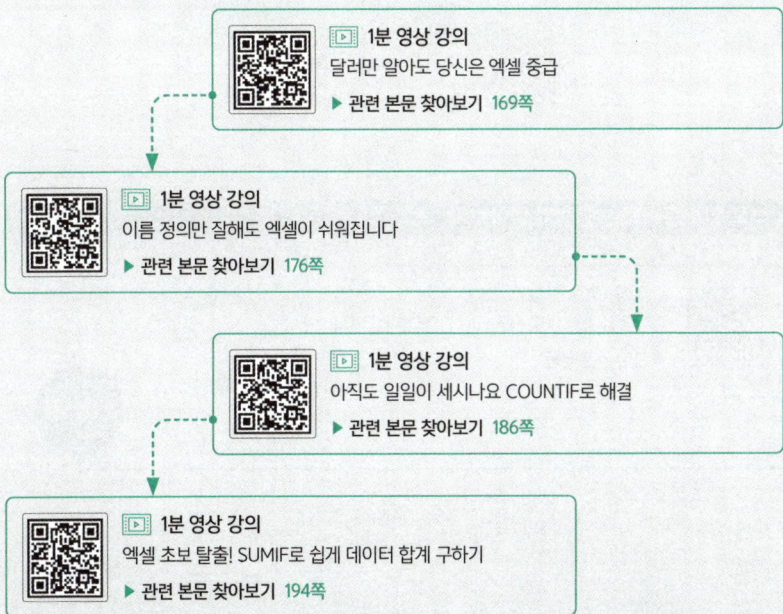

- ▶ 1분 영상 강의
  달러만 알아도 당신은 엑셀 중급
  ▶ 관련 본문 찾아보기 169쪽

- ▶ 1분 영상 강의
  이름 정의만 잘해도 엑셀이 쉬워집니다
  ▶ 관련 본문 찾아보기 176쪽

- ▶ 1분 영상 강의
  아직도 일일이 세시나요 COUNTIF로 해결
  ▶ 관련 본문 찾아보기 186쪽

- ▶ 1분 영상 강의
  엑셀 초보 탈출! SUMIF로 쉽게 데이터 합계 구하기
  ▶ 관련 본문 찾아보기 194쪽

6장 데이터를 정렬하고 원하는 정보 찾기

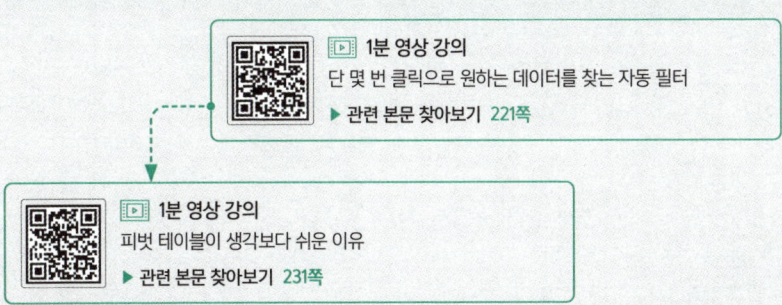

- ▶ 1분 영상 강의
  단 몇 번 클릭으로 원하는 데이터를 찾는 자동 필터
  ▶ 관련 본문 찾아보기 221쪽

- ▶ 1분 영상 강의
  피벗 테이블이 생각보다 쉬운 이유
  ▶ 관련 본문 찾아보기 231쪽

영상 강의 로드맵

7장 데이터가 한눈에 들어오는 차트 그리기

▶️ **1분 영상 강의**
엑셀 차트 핵심만 빠르게 배우기
▶ 관련 본문 찾아보기 256쪽

부록 | 바로 써먹는 단축키 알아보기

▶️ **1분 영상 강의**
엑셀에서 가장 많이 사용하는 단축키 다섯 가지
▶ 관련 본문 찾아보기 265쪽

FINSH